Arbitragem no Contrato de Trabalho em face da Reforma Trabalhista

Gostaria muito de agradecer a excelente equipe da LTr Editora, em especial:

Armandinho

Beatriz Costa

Aline Jacote

Vanessa Azevedo

Luana Brandão

Ana Luiza

Aline Oliveira

Meu muito obrigado.

Autor.

Gleibe Pretti
Professor Me. Bacharel em Direito pela Universidade São Francisco. Pós-graduado em Direito Constitucional pela UNIFIA. Pós-graduado em Direito e Processo do Trabalho pela UNIFIA. Mestre pela Universidade de Guarulhos/UnG. Advogado. Perito Judicial. Editor-chefe da revista educação da Universidade de Guarulhos. Autor de diversas obras na área trabalhista pela LTr Editora.

Arbitragem no Contrato de Trabalho em Face da Reforma Trabalhista

EDITORA LTDA.

© Todos os direitos reservados

Rua Jaguaribe, 571
CEP 01224-003
São Paulo, SP — Brasil
Fone (11) 2167-1101
www.ltr.com.br
Fevereiro, 2018

Produção Gráfica e Editoração Eletrônica: PIETRA DIAGRAMAÇÃO
Projeto de capa: FABIO GIGLIO
Impressão: FORMA CERTA

Versão impressa — LTr 5899.8 — ISBN 978-85-361-9473-8
Versão digital — LTr 9307.9 — ISBN 978-85-361-9547-6

Dados Internacionais de Catalogação na Publicação (CIP)
(Câmara Brasileira do Livro, SP, Brasil)

Pretti, Gleibe

Arbitragem no contrato de trabalho em face da reforma trabalhista / Gleibe Pretti. – São Paulo: LTr, 2018.

Bibliografia.

1. Arbitragem (Direito) – Brasil 2. Arbitragem – Leis e legislação 3. Contratos de trabalho – Brasil 4. Direito do trabalho – Brasil 5. Reforma constitucional I. Título.

17-10351   CDU-34:331.155(81)

Índice para catálogo sistemático:

1. Brasil : Arbitragem: Direito do trabalho 34:331.155(81)

SUMÁRIO

Apresentação 7

Capítulo 1
História da arbitragem no Brasil 9

Capítulo 2
O princípio da autonomia da vontade 17

Capítulo 3
Sobre os conceitos de suspeição e impedimento 20

Capítulo 4
Arbitragem como técnica alternativa de solução de conflito em matéria tributária . 25

Capítulo 5
Da extensão subjetiva da cláusula compromissória arbitral 43

Capítulo 6
A arbitragem na área trabalhista 47

Capítulo 7
O que muda com a reforma da lei de arbitragem? 49

Capítulo 8
Modelo de sentença arbitral 53

Capítulo 9
Cláusula compromissória 56

Capítulo 10

Procedimento da Câmara 57

Capítulo 11

Lei n. 9.307, de 23 de setembro de 1996 (*vide* Lei n. 13.129, de 2015)
(vigência).. 65

Capítulo 12

Julgados acerca de arbitragem.. 76

Notas.. 80

Apresentação

A presente obra, de uma forma rápida e objetiva, sem perder o caráter doutrinário, apresenta ao leitor a prática da arbitragem.

Correto afirmar que a arbitragem é a Justiça do Futuro, tendo em vista sua celeridade, sigilo e imparcialidade.

Trata-se de um campo de trabalho que independe que o árbitro tenha nível superior, tendo apenas 18 anos ou mais e concordância das partes.

Desta feita, aproveite esse novo campo de trabalho. Tenho certeza, não irá se arrepender.

Autores.

Prof. Me. Gleibe Pretti

1

HISTÓRIA DA ARBITRAGEM NO BRASIL

A arbitragem é um dos métodos alternativos mais utilizados de solução de litígios fora da esfera judiciária.

É uma instituição privada, instalada exclusivamente por vontade das partes, devendo estas, serem capazes e o conflito versar sobre direitos patrimoniais disponíveis (as partes possam legalmente dispor), confiando a um terceiro neutro e imparcial, o qual é denominado juiz arbitral (imparciais), que pode ser indicado pelas partes, nomeados por juiz ou consentidos por elas em indicação de terceiro.

Esses julgam esse conflito de interesses conforme seu douto entendimento, lhe dando uma sentença, tendo força de coisa julgada como na justiça comum, porém, nem sempre foi assim.

O nosso judiciário brasileiro, embora tenha desenvolvido ao longo dos últimos anos mecanismos que tentam dar celeridade às suas demandas judiciais, ainda está aquém de cumprir essas demandas dentro do menor espaço de tempo na sua jurisdição.

Com esse colapso institucional, gerado principalmente pelo número insuficiente de magistrados em relação a tais demandas, os que esperam a resposta do Estado para usufruir da justiça pleiteada ficam inconformados, gerando certa revolta e o levando muitas vezes a tutelar essa justiça de forma executória.

Talvez essa grande demanda acumulada não esteja ligada apenas ou diretamente ao insuficiente número de magistrados ou omissão do Estado que procura conter suas contas e para isso evita contratações, mas sim, pela falta de conhecimento por parte da grande maioria da população de outras formas de resolver e até mesmo prevenir os litígios, evitando assim, o desague no Judiciário.

É por isso que vêm ganhado mais força e se consolidando no nosso ordenamento jurídico os métodos alternativos de resolução de conflitos, como a arbitragem, a conciliação e a mediação que são formas, que não só resolvem, mas o fazem da melhor forma, a partir de um comum acordo entre as partes, chegando até mesmo obter a satisfação completa como coisa julgada sem a interferência do Poder Judiciário, como é o caso da arbitragem – tema específico deste artigo.

Serão abordadas algumas das normas do nosso ordenamento jurídico que fazem referências à arbitragem, como nossa Carta Magna CF/88, o Código Civil e Código de Processo Civil.

Com os avanços, será abordado também a primeira lei específica sobre arbitragem, a Lei n. 9.307, de 23 de setembro de 1996, bem como a promulgação da última, a Lei n. 13.129, de 26 de maio de 2015, fazendo comparativos entre as duas leis, as principais mudanças, as revogações, o que melhorou e o que foi inovado pela nova lei.

No Brasil império

A arbitragem se desenvolve no Brasil a partir do império por meio da Constituição Política do Império do Brazil (Brazil com "z", escrita da época) de 25 de março de 1824, outorgada em nome da Santíssima Trindade, pelo imperador D. Pedro I, mencionado no artigo 160, que permitia por meio de um juiz arbitral ser resolvido causas penais, bem como as causas cíveis e sua decisão resolveria definitivamente a causa.

Art. 160. Nas cíveis e nas penais civilmente intentadas, poderão as partes nomear juízes árbitros. Suas sentenças serão executadas sem recurso, se assim o convencionarem as mesmas partes". (Constituição Política do Império do Brasil – 1824).

Em 1850, com o código comercial do Brasil império, o imperador deu mais notoriedade à arbitragem, e, o que era opcional, passou a ser obrigatória para as controvérsias mercantis ao estabelecer nos artigos 245 e 249:

Art. 245. Todas as questões que resultarem de contratos de locação mercantil serão decididas em juízo arbitral.

Art. 294. Todas as questões sociais que se suscitarem entre sócios durante a existência da sociedade ou companhia, sua liquidação ou partilha, serão decididas em juízo arbitral.

Apesar desses avanços, a arbitragem obrigatória foi revogada pela Lei n. 1350/1866, mas manteve em seu ordenamento jurídico a voluntária. Com o retrocesso, a arbitragem estagna, e aos poucos vai perdendo vigência, sobretudo com o surgimento de outras leis esparsas, mas, o maior entrave era a interpretação da suprema corte que julgava inconstitucionais as regras que tratavam a arbitragem obrigatória nas matérias já mencionadas.

No Código Civil de 1916

No Código de 1916, Clóvis Beviláqua inseriu a arbitragem tratando a matéria, destacando o compromisso, mas considerando a arbitragem como facultativa no artigo 1037:

Artigo 1037: As pessoas capazes de contratar, poderão em qualquer tempo, louvar-se, mediante compromisso escrito, em árbitros, que lhes resolvam as pendências judiciais, ou extrajudiciais.

Contudo, no artigo 1048, nivelava a arbitragem privada com a jurisdição estatal:

Art. 1048. Os árbitros são juízes de direito e de fato, não sendo sujeito o seu julgamento a alçada ou recurso, exceto se o contrário convencionarem as partes.

A proposta de Clovis Beviláqua reacendeu a chama da arbitragem e na constituição federal promulgada em 1934 no artigo 4º citava que:

Art 4º. O Brasil só declarará guerra se não couber ou malograr-se o recurso do arbitramento; e não se empenhará jamais em guerra de conquista, direta ou indiretamente, por si ou em aliança com outra nação.

O referido diploma também instituiu a competência privativa da união para legislar sobre a arbitragem comercial.

Art 5º – Compete privativamente à União:

XIX – legislar sobre:

a) direito penal, comercial, civil, aéreo e processual, registros públicos e juntas comerciais;

b) divisão judiciária da União, do Distrito Federal e dos Territórios e organização dos Juízos e Tribunais respectivos;

c) normas fundamentais do direito rural, do regime penitenciário, da arbitragem comercial, da assistência social, da assistência judiciária e das estatísticas de interesse coletivo;

d) desapropriações, requisições civis e militares em tempo de guerra;

No Código de Processo Civil

Em 1939, por meio da Lei n. 1808/39 e a codificação do processo civil brasileiro foram unificadas diversas leis civis até então esparsas em diversos estados da federação. A arbitragem ganhou destaque sob o título "Do Juízo Arbitral", composto por 18 artigos.

Em 1973, a arbitragem se firma mais no nosso ordenamento, dispondo no código de processo civil de um capítulo inteiro ao juízo arbitral. Este capítulo tratava de detalhes até então não tratados sobre a arbitragem, como: o compromisso, os árbitros, o procedimento e sobre a homologação do laudo, nos artigos 1072 ao 1102.

Com a promulgação da nossa Constituição da Republica Federativa do Brasil de 1988, a arbitragem se aloca no art. 4º, VII, que traz a solução de forma pacífica aos litígios a arbitragem, ainda que de forma implícita.

Art. 4º, VII – A República Federativa do Brasil rege-se nas suas elações internacionais pelos seguintes princípios:

[...] VII – solução pacífica dos conflitos

E, assim, a arbitragem no Brasil, meio que pegando carona em dispositivos legais, aos poucos conquistava adeptos, estudiosos, doutrinadores, juristas e políticos, todos com a certeza de que a arbitragem precisava ser fortalecida e ocupar o seu lugar exclusivo no nosso ordenamento jurídico.

O grande defensor da arbitragem no Brasil e o processo para aprovação de uma lei própria

A arbitragem teve como um dos marcos, o empenho do senador Marco Maciel, vislumbrando a possibilidade da agilidade nos processos que se amontoavam no nosso judiciário, e, principalmente de olho no desenvolvimento econômico por conta dos contratos internacionais.

No data de 17.12.1991, em Brasília, foi assinado o Protocolo de Brasília que recomendava o processo arbitral como uma realidade irreversível.

No dia 3 de junho de 1992, começou uma incansável luta do então Senador Marco Maciel, apresentou um Projeto de Lei do Senado n. 78/92, justificando "criar um foro adequado às causas envolvendo questões de direito comercial, negócio internacionais ou matéria de alta complexidade para os quais os Poder Judiciário não está aparelhado". Atualmente o projeto está na Comissão de Constituição, Justiça e Cidadania do Senado Federal.

Aprovado o projeto no Senado Federal, foi enviado, em 14 de junho de 1993, à Câmara dos Deputados. Na Câmara, por falta de interesse na causa, o projeto andou a passos lentos, e só em 1995 o presidente da Comissão de Defesa do Consumidor, Meio Ambiente e Minorias, solicitou que fosse divulgado para recebimento de eventuais emendas.

Aprovado pela Comissão, o projeto de lei foi submetido à apreciação das Comissões de Constituição e Justiça e de Redação que por sua vez o aprovou em 28 de maio de 1996, e a Câmara dos Deputados e o Senado Federal aprovaram o projeto que foi sancionado em sessão solene pelo Presidente da República, dando criação, a Lei de arbitragem n. 9.307/96. A então nova lei sobre arbitragem estava composta por 7 capítulos e 44 artigos.

O primeiro teste da lei de arbitragem, sua constitucionalidade

Após vários debates, em 2001 passa pelo crivo da confirmação de constitucionalidade, e foi reinserida a arbitragem comercial no ordenamento jurídico brasileiro. Nesse mesmo ano, aparecem os primeiros dados estatísticos fornecidos pelo CONIMA – Conselho Nacional das Instituições de Mediação e Arbitragem, e, registrando 1.386 demandas cíveis e empresariais nas entidades brasileiras.

A crescente adesão à arbitragem pode ser justificada no fato da atividade refletir o caráter da lei de arbitragem, que equilibra liberdade, flexibilidade e igualdade. A escolha dos próprios julgadores aliados à celeridade dos julgamentos contribuem para a redução dos custos de transação.

No novo código civil

Com o NCC – Novo Código Civil, Lei n. 10.406, de 10 de Janeiro de 2002, em seu artigo 853, 852 e 853, tratam do compromisso arbitral e admitindo-se nos contratos a cláusula compromissória, para resolver divergências mediante juízo arbitral, na forma estabelecida em lei especial. Tudo concorria para, cada vez mais, consolidar a arbitragem como meio legítimo de resolução de litígios.

No novo código de processo civil

Em 2015, foi sancionada a Lei n. 13.105, de 16 de março de 2015, que instituiu o NCPC – Novo Código do Processo Civil brasileiro. O novo código em seu artigo 3º institui a arbitragem como Jurisdição, permitindo a Arbitragem na forma da lei. No artigo 42 estabelece que "As causas cíveis serão processadas e decididas pelo órgão jurisdicional nos limites de sua competência, ressalvado às partes o direito de instituir juízo arbitral, na forma da lei", agora, sem dúvida o Novo CPC confirma de forma segura a arbitragem como um instituto jurisdicional e reconhece e garante o direito das partes a optarem pela jurisdição arbitral, mas trataremos dos detalhes em tópico específico.

A nova lei de arbitragem: Lei n. 13.129/2015

Como a arbitragem avançava no Brasil, foi preciso fazer alterações. Então, a Lei n. 9.307/96 foi alterada pela Lei n. 13.129, de 26 de maio de 2015, entrando em vigor em 07/2015:

Altera a Lei n. 9.307, de 23 de setembro de 1996, e a Lei n. 6.404, de 15 de dezembro de 1976, para ampliar o âmbito de aplicação da arbitragem e dispor sobre a escolha dos árbitros quando as partes recorrem a órgão arbitral, a interrupção da prescrição pela instituição da arbitragem, a concessão de tutelas cautelares e de urgência nos casos de arbitragem, a carta arbitral e a sentença arbitral, e revoga dispositivos da Lei n. 9.307, de 23 de setembro de 1996.

A lei de arbitragem n. 13.129/2015 entrou em vigor em julho de 2015, e ampliou o âmbito da aplicação da arbitragem, adotou o que já vinha funcionando, e incluiu o que vem sendo consolidado na jurisprudência dos tribunais ao longo dos últimos 20 anos.

Ponto importante disposto na nova lei foi a inclusão da possibilidade de plena utilização da arbitragem para solução de conflitos relativos à administração pública. O poder público é quem mais tem processos tramitando no Judiciário, 51% das demandas do país (de acordo com o CNJ); assim, há uma diminuição dos processos em que atua autor e réu, isso também poderá contribuir para desafogar a Justiça brasileira.

Com a nova lei de arbitragem, as mudanças são desde regras processuais, e arbitragem aplicada aos contratos da administração pública, até a regulamentação do direito de retirada de acionista dissidente em relação à deliberação societária que inclui a convenção de arbitragem no estatuto social.

Com relação à sentença estrangeira, a nova redação dos artigos 35 e 39 da lei de arbitragem estabelece que o STJ, e não mais o STF, homologue ou denegue sentença arbitral estrangeira. Tratou essa alteração de formalizar, pois na verdade já era uma prática esse tipo de homologação em virtude da EC 45 que transferiu a competência do STF para o STJ, para processar e julgar sentenças estrangeiras.

Há quem considere que a mais sugestiva e importante inovação trazida pela nova lei seja a regulamentação da arbitragem aplicada aos contratos com a administração pública, que teve seu regime confirmado com os novos parágrafos 1º e 2º do artigo 1º, e o parágrafo 3º do artigo 2º da lei.

Na arbitragem, em contratos administrativos, a referida lei previu de forma genérica a possibilidade de a administração pública direta e indireta valer-se da arbitragem para os conflitos que envolva direitos patrimoniais disponíveis, refletindo a orientação da jurisprudência do STJ sobre o assunto e sepultando de vez as controvérsias suscitadas no âmbito do Tribunal de Contas da União.

Esse tema vinha de forma adaptado, inserido em determinados diplomas legislativos com a possibilidade de se utilizar a arbitragem em contratos administrativos.

A Lei n. 11.079/2004 previu expressamente que seria possível instituir arbitragem nos contratos de parceria público-privada (art. 11, III).

Ainda, a Lei n. 11.196/2005, que acrescentou o art. 23-A, à Lei n. 8.987/95, tratava dos contratos de concessão que previa o emprego de mecanismos privados para resolução de disputas decorrentes ou relacionadas ao contrato, inclusive a arbitragem seguindo os termos da Lei n. 9.307/96, também nos contratos a serem realizados no Brasil e em língua portuguesa.

Outras leis: Lei n. 11.909/2009 (Lei de Transporte de Gás Natural); Lei n. 11.196/2005 (Lei de Incentivos Fiscais à Pesquisa e Desenvolvimento da Inovação Tecnológica); Lei n. 10.438/2002 (Lei do Setor Elétrico); Lei n. 10.233/2001 (Lei de Transportes Aquaviários e Terrestres); Lei n. 9.478/97 (Lei de Petróleo e Gás); Lei n. 9.472/97 (Lei Geral de Telecomunicações).

Apesar de tudo, tais leis encontravam grandes resistências por parte dos administrativistas mais tradicionais.

Para evitar desconfortos e inseguranças, foi tomada uma decisão contundente por meio da Lei n. 13.129/2015, de forma genérica, que possibilitou entendimento da administração pública valer-se da arbitragem quando a lide versar sobre direitos disponíveis. Para tanto, foram acrescentados dois parágrafos ao art. 1º da lei n. 9.307/96, com a seguinte redação:

Art. 1º (...)

§ 1º A administração pública direta e indireta poderá utilizar-se da arbitragem para dirimir conflitos relativos a direitos patrimoniais disponíveis.

§ 2º A autoridade ou o órgão competente da administração pública direta para a celebração de convenção de arbitragem é a mesma para a realização de acordos ou transações.

Embora de forma genérica, existe uma autorização para a utilização da arbitragem pela administração pública para todo e qualquer conflito que envolva direitos patrimoniais disponíveis, quer seja de entes federativos: União, Estados/DF e Municípios.

O poder para firmar a celebração de convenção de arbitragem é, e continua sendo, de quem detém a competência para assinar acordos ou transações, conforme legislação do respectivo ente. Como por exemplo, Secretário de Estado poderá firmar a convenção de arbitragem no âmbito daquele órgão, o qual tem competência para assinar acordos.

O PRINCÍPIO DA AUTONOMIA DA VONTADE

Como dito anteriormente, o fato de o procedimento arbitral privilegiar a autonomia da vontade das partes, confere-lhe certa vantagem frente ao procedimento judicial litigioso.

Assim, quem se dedica, ainda que pouco, ao estudo da arbitragem, certamente já ouviu falar desse princípio, próprio do direito civil. Por oportuno, nos reportamos aqui às lições do professor Francisco Amaral (p. 334/335), segundo o qual: Para o direito, a vontade tem especial importância, porque é um dos elementos fundamentais do ato jurídico. [...]

A possibilidade de a pessoa agir de acordo com a sua vontade, podendo fazer ou deixar de fazer algo, chama-se liberdade, que, sendo conceito plurívoco, extremamente complexo, compreende várias espécies, como a liberdade natural, a social ou política, a pessoal e a jurídica, que é a que nos interessa.

A liberdade jurídica é a possibilidade de a pessoa atuar com eficácia jurídica. Sob o ponto de vista do sujeito, realiza-se no poder de criar, modificar ou extinguir relações jurídicas. Encarada objetivamente, é o poder de regular juridicamente tais relações, dando-lhes conteúdo e efeitos determinados, com o reconhecimento e a proteção do direito.

A esfera de liberdade de que o agente dispõe no âmbito do direito privado chama-se autonomia, direito de reger-se por suas próprias leis. Autonomia da vontade é, assim, o princípio do direito privado pelo qual o agente tem a possibilidade de praticar um ato jurídico, determinando-lhe o conteúdo, a forma e os efeitos. [...]

Apesar da diferenciação que o referido autor faz entre autonomia da vontade e autonomia privada, trataremos, nesse contexto, ambas as expressões como idênticas, entendendo-as como "o poder que os particulares têm de regular, pelo exercício de sua própria vontade, as relações de que participam, estabelecendo-lhes o conteúdo e a respectiva disciplina jurídica", nas palavras do citado professor (2007, p. 335).

Transportando esse entendimento para o âmbito da Lei n. 9.307/96, podemos dizer, como o faz Carlos Alberto Carmona (2007, p. 15), com toda a propriedade que lhe é inerente, até porque integrou a Comissão redatora do anteprojeto da Lei de Arbitragem, que "prestigiou-se em grau máximo e de modo expresso o princípio da autonomia da vontade, de forma a evitar dúvidas na aplicação da Lei".

De fato, se analisarmos os primeiros dispositivos do Diploma Legal em comento, fica bastante claro que a arbitragem depende tão somente da submissão de partes capazes de contratar à convenção de arbitragem, que poderá ser a cláusula compromissória ou o compromisso arbitral. Afora isso, e por questões atinentes à ordem pública, o litígio deve tratar de direitos patrimoniais disponíveis.

Os contraentes, porém, são livres para escolherem o direito material e processual aplicável, podendo, até mesmo, decidirem pela resolução da controvérsia por meio da equidade (o que, não se nega, é bastante raro), pela aplicação dos princípios gerais do direito, dos usos e costumes e das regras internacionais do comércio.

É o que se lê abaixo:

Art. 1º As pessoas capazes de contratar poderão valer-se da arbitragem para dirimir litígios relativos a direitos patrimoniais disponíveis.

Art. 2º A arbitragem poderá ser de direito ou de equidade, a critério das partes.

§ 1º Poderão as partes escolher, livremente, as regras de direito que serão aplicadas na arbitragem, desde que não haja violação aos bons costumes e à ordem pública.

§ 2º Poderão, também, as partes convencionar que a arbitragem se realize com base nos princípios gerais de direito, nos usos e costumes e nas regras internacionais de comércio.

No julgamento do Recurso Especial n. 1.288.251 – MG, o relator do caso, Ministro Sidnei Beneti, utilizando-se de expressão cunhada pela 12ª Câmara Cível do Tribunal de Justiça de Minas Gerais (APC n. 1.0003.09.030673-3/001), chega a afirmar que "a autonomia da vontade é o sustentáculo da validade da cláusula arbitral".

Em outras palavras, significa dizer que a arbitragem é hoje unicamente voluntária, ou seja, ela só será adotada se ambas as partes pactuarem nesse sentido. Não há, dessa forma, modalidade de sujeição compulsória ao juízo arbitral no Brasil.

Dada sua especificidade, de se notar que, em verdade, a autonomia da vontade deve ser levada ao seu extremo, ou seja, privilegiada ao máximo, já que a escolha por se submeterem ao procedimento arbitral foi das próprias partes, sob pena de se causar um descrédito nessa modalidade heterocompositiva de solução de controvérsias.

Foi por essa razão, aliás, que escolhemos aqui tratar sobre o § 1º do art. 20 da Lei n. 9.307/96. Acreditamos que sua leitura e aplicação deve ser feita com extrema cautela, tendo sempre em mente o princípio da autonomia da vontade das partes, a fim de justificar as duras lutas travadas para a promulgação da referida Lei.

Sobre os conceitos de suspeição e impedimento

Antes, ainda, de passarmos efetivamente à análise do dispositivo legal ora escolhido, necessário discorrer, mesmo que brevemente, acerca dos conceitos de suspeição, impedimento e incompetência, próprios do direito processual, e dos de nulidade, invalidade e ineficácia, mais voltados ao direito material.

Como se sabe, a relação processual é tríade, formada pelas partes, autor e réu, e pelo Estado-juiz, que se apresenta em posição de supremacia e equidistância daquele outros. Como nos ensina Alexandre Freitas Câmara (2015, p. 136):

> A supremacia decorre do fato de o processo ser um instrumento de exercício do poder soberano do Estado, através de uma de suas manifestações, qual seja, a jurisdição. Já a equidistância, que nada mais é do que a demonstração gráfica da imparcialidade, é corolário da substitutividade, que, como se viu, é uma das características essenciais da jurisdição. Sendo certo que, no exercício da função jurisdicional, substitui o Estado a atividade dos titulares dos interesses que lhe são submetidos, não se poderia admitir que tal substituição se desse de modo parcial. A imparcialidade é requisito essencial para que se possa ter como legítima a atuação estatal no processo.

Por tal motivo, criou-se os artigos 134 e 135 do Código de Processo Civil, que tratam, respectivamente, das situações que caracterizam o impedimento ou a suspeição do órgão julgador.

No primeiro caso (impedimento), o que se tem são hipóteses em que a parcialidade é objetivamente presumida (presunção *iuris et de iuri*), devendo o juiz ser imediatamente afastado da causa. Por isso mesmo, pode ser arguida a qualquer tempo, mesmo após o trânsito em julgado, desde que respeitado o prazo de 2 (dois) anos para o ingresso da ação rescisória.

A suspeição, por outro lado, pode ser afastada, já que trata de casos menos graves sobre os quais paira a presunção *iuris tantum*. Sua arguição, portanto, deve ser feita no momento oportuno e pela forma adequada, qual seja, aquela prevista no art. 304 do Digesto Processual Civil.

É importante ressaltar que o árbitro, quando assume essa função, traz para si um *munus* público e, por isso mesmo, está submetido a idênticas restrições de um juiz togado. A Lei de Arbitragem fala claramente no § 6º de seu art. 13 que o árbitro deve proceder com imparcialidade, atribuindo-lhe o dever de informar qualquer situação que possa parecer estranha às partes (art. 14, § 1º, da Lei n. 9.307/96).

Foi justamente por isso que a *International Bar Association* (IBA) criou o que se conhece como *Guidelines on Conflicts of Interest in International Arbitration*, que nada mais é do que uma lista de situações, devidamente catalogadas e divididas por sua gravidade, que podem causar o impedimento ou a suspeição do árbitro, e, por isso, devem ser por ele reveladas antes do início do procedimento arbitral.

As diretrizes são compostas por 4 (quatro) listas, quais sejam: *non-waivable red list* (as situações nela descritas impedem que o sujeito seja árbitro, porque ligado diretamente a uma das partes); *waivable red list* (hipóteses que geram presunção de parcialidade, mas que pode ser desconsiderada por acordo expresso das partes); *orange list* (situações que, se devidamente reveladas, não causam impedimento se as partes não as impugnarem); e *green list* (situações básicas que não geram qualquer impedimento).

Trata-se apenas de um guia, não obrigatório, mas extremamente útil.

Vistos tais conceitos, passamos, por conseguinte, ao terceiro item. Para definir o que vem a ser a competência, e, por via de consequência, a incompetência, nos socorremos do professor Marcelo Abelha Rodrigues (2015, p. 106/107), que assim a conceitua: "Iniciamos o conceito de competência com uma afirmação "consequencial": todo juiz competente possui jurisdição, mas nem todo juiz que possui jurisdição possui competência. Isso porque a competência pode ser definida, segundo Liebman, como a medida da jurisdição, ou seja, é a concretização da jurisdição, ou, ainda, a quantidade de jurisdição cujo exercício é atribuído a cada órgão ou grupo de órgãos.

[...]

Na aferição da competência, ou seja, para se saber qual o órgão ou juiz competente para julgar uma determinada causa, diversos são os critérios utilizados pelo legislador, como, por exemplo, a matéria que será discutida em juízo, a pessoa que está sendo demandada, o local onde ocorreu o fato que deu origem à propositura da ação, o pedido formulado, o valor da causa etc.

São justamente esses critérios que irão permitir que se entregue a específico órgão jurisdicional determinada medida de jurisdição, para que o órgão possa exercê-la num caso concreto.

Não obstante esse significado seja correto, ele encontra uma feição própria no procedimento arbitral, traduzido por meio do princípio da *Kompetenz-Kompetenz*, por nós importado do direito alemão. De acordo com Beat Walter Rechsteiner, em seu livro Arbitragem privada internacional no Brasil (1993, p. 64/66):

> Atualmente, na prática da arbitragem internacional, é quase pacífico cumprir ao próprio tribunal arbitral decidir quanto à sua competência perante a lide submetida à sua apreciação. Tal princípio é denominado pela doutrina Kompetenz-Kompetenz.
>
> [...]
>
> Conforme a Lei n. 9.307, de 23.09.1996, caberá ao tribunal arbitral decidir, de ofício ou por provocação das partes, as questões quanto à existência, validade e eficácia da convenção de arbitragem, ou seja, da sua competência, em decidir a lide submetida a sua apreciação. [...]

Na doutrina internacional parece estar assentado que a questão quanto a determinar quando uma lide á suscetível à arbitragem, deverá ser examinada de ofício pelo tribunal arbitral.

Infere-se, portanto, do trecho acima, que é do árbitro (ou do Tribunal Arbitral) a competência para definir sobre sua própria competência, o que claramente passará por uma análise da convenção de arbitragem, para verificar a (in)existência de vícios insanáveis. Caso eles sejam percebidos, aí sim é que o conflito será remetido ao Judiciário, cuja função primordial é dizer o direito no caso concreto.

Ao falarmos em vício, necessariamente havemos de explicar os conceitos de nulidade, invalidade e ineficácia, até porque expressamente citados pelo § 1º do art. 20 da Lei de Arbitragem, o que nos remete, outra vez, a conceitos básicos do direito civil.

Todo negócio jurídico somente poderá ser considerado completo se existir, for válido e possuir eficácia; figurativamente, podemos falar nos degraus que ele deve subir para, enfim, produzir efeitos no mundo jurídico.

Como o próprio termo sugere, no plano da existência, o que se verifica é o preenchimento dos requisitos necessários para a formação do contrato. São eles a exteriorização de vontade, o consentimento, a finalidade negocial e o elemento econômico, além de outros que podem ser especificamente exigidos. No plano da validade, por outro lado, observa-se se estão presentes os requisitos para que não seja o negócio declarado nulo ou anulável, sendo a nulidade e a anulabilidade espécies de sanções. É nesse momento que se analisa se a vontade foi externada sem vícios, se as partes são capazes e legítimas, se a forma prescrita foi obedecida e se o objeto é lícito, possível e determinável. Esse ponto, vale uma breve explicação. É que o artigo em testilha fala tanto em nulidade como em invalidade, mostrando, com isso, uma certa atecnia, já que, como visto acima, essa (invalidade) compreende o negócio nulo e o anulável. É o que preleciona Maria Helena Diniz (2014, p. 157/158), como podemos confirmar a seguir:

> O contrato, para ter validade, precisará observar as normas jurídicas atinentes a seus requisitos subjetivos, objetivos e formais, sob pena de não produzir consequências jurídicas.
>
> A nulidade é, portanto, uma sanção, por meio da qual a lei priva de efeitos jurídicos o contrato celebrado contra os preceitos disciplinadores dos pressupostos de validade do negócio jurídico. Essa nulidade poderá ser absoluta ou relativa.
>
> A nulidade absoluta (CC, arts. 166, I a VII, e 167) é a sanção cominada ao contratante que transgride preceito de ordem pública, operando de pleno direito, de sorte que o contrato não poderá ser confirmado, nem convalescerá pelo decurso de tempo, da mesma forma que não produzirá efeitos desde a sua formação (CC, art. 169). Como se vê, produz efeitos *ex tunc*.
>
> A nulidade relativa (CC, art. 171) é uma sanção que apenas poderá ser pleiteada pela pessoa a quem a lei protege e que se dirige contra os contratos celebrados por relativamente incapazes ou por pessoas cujo consentimento se deu por erro, dolo, coação, estado de perigo, lesão e fraude contra credores.
>
> Tais contratos, porém, subsistirão até o instante de sua anulação, produzindo efeitos durante algum tempo, admitindo, ainda, confirmação e purificando-se com o decurso do tempo (CC, arts. 172 a 174).
>
> Por essa razão a nulidade relativa não deve ser incluída entre os modos de dissolução do contrato.

Trata-se tão-somente do reconhecimento de que o contrato é defeituoso, o que não lhe tira a relevância jurídica, visto que permanecerá eficaz enquanto não se mover ação que decrete tal nulidade, por ter a nulidade relativa efeito *ex nunc*. Por fim, no plano da eficácia, e ante a inexistência de termo ou condição suspensivos pendentes, o contrato estará apto a produzir os efeitos a que se propõe.

Arbitragem como técnica alternativa de solução de conflito em matéria tributária

Anualmente, o Conselho Nacional de Justiça publica um minucioso relatório, denominado "Justiça em Números", com estatísticas oficiais que permitem dimensionar o Poder Judiciário Brasileiro, bem como monitorar a eficiência das políticas institucionais.

Atualmente, o Poder Judiciário conta com 15.773 unidades judiciárias de primeiro grau, das quais, 10.156 unidades da Justiça Estadual e 976 da Justiça Federal, ou seja, 64,4% e 6,2% respectivamente. Nessas unidades, trabalham 14.883 juízes de direito com o apoio de 182.998 servidores efetivos apenas no 1º grau de jurisdição. Apesar do pequeno aumento da força de trabalho em comparação a 2014, o índice de congestionamento de processos nas Justiças Estaduais e Federais se mantém elevado, especialmente devido ao "gargalo da execução".

Segundo o IPEA, o processo de execução fiscal tem um custo individual de até R$ 4.368,00 (quatro mil, trezentos e sessenta e oito reais) somente para a movimentação da máquina pública, excluído do cômputo os honorários advocatícios. A despeito desse alto valor, a sua efetividade é baixa.

O Relatório Justiça em Números 2016, referente a 2015, aponta que o Poder Judiciário contava com um acervo de quase 74 milhões de processos pendentes de baixa. Desses, quase 52% se referiam à fase da execução. A partir de uma comparação entre as execuções judiciais criminais, as execuções judiciais não criminais e as execuções de títulos executivos extrajudiciais, relatou o CNJ que os processos de execução fiscal são os grandes responsáveis pela alta taxa de congestionamento do Poder Judiciário, com um índice de congestionamento de 91,9%. "A cada 100 processos de execução fiscal que tramitaram no ano de 2015, apenas 8 foram baixados".

Essa crise enfrentada pelo Poder Judiciário tem se intensificado ao longo dos anos e apresenta reflexos diretos na arrecadação dos Entes Federados. A recuperação do crédito tributário através das execuções fiscais mostra-se insuficiente. Em pesquisa da Procuradoria da Fazenda Nacional, constatou-se que o valor da dívida ativa federal em 2006 alcançou o valor de R$ 401.678.658.155,33 (quatrocentos e um bilhões, seiscentos e setenta e oito milhões, seiscentos e cinquenta e oito mil, cento e cinquenta e cinco reais e trinta e três centavos) ao passo que o valor recuperado judicialmente alcançou apenas 0,6% desse montante.

Ante esse cenário alarmante do Poder Judiciário, especificamente nas execuções fiscais, busca-se, aqui, sem a ambição de esgotar, mas, sim, provocar a reflexão interdisciplinar acerca da viabilidade ou não de aplicação de mecanismos alternativos de solução de conflitos, com foco na arbitragem, para a solução às demandas tributárias, como opção capaz de desafogar o Poder Judiciário e conferir a eficiência que se espera na solução dessas lides.

O processo, inicialmente, era visto como um procedimento que permitia a aplicação do direito material, ou seja, uma série de atos que deveriam ser praticados para a solução de um litígio. Porém, quando o Estado invocou para si a função de solucionar os conflitos, esse conceito ganhou novas nuances, passando a ser tratado o direito processual como um campo do direito público. "O processo não mais poderia ser pensado como uma mera sequência de atos destinada à aplicação judicial do direito material violado".

A partir dessa separação do direito processual e o direito material, bem como a definição daquele como um campo do direito público, Oskar Von Bullow, em sua obra Teoria dos Pressupostos Processuais e das Exceções Dilatórias, sistematizou a existência de uma relação jurídica processual de direito público entre as partes e o Estado, desde que atendidos determinados pressupostos e princípios. "A relação jurídica processual teria sujeitos (juiz, autor e réu), objeto (prestação jurisidicional) e pressupostos próprios (propositura da ação, capacidade para ser parte e investidura na jurisdição daquele a quem a ação é dirigida). "

O processo judicial tributário, à luz da teoria de Bullow, portanto, consiste numa relação jurídica entre o Estado-Juiz, Estado-Fisco e os contribuintes, onde aquele soluciona com caráter de definitividade eventuais conflitos relacionados à obrigação tributária. Inexiste um direito processual tributário autônomo, mas, sim, a aplicação do direito processual civil às relações jurídicas tributárias sem prejuízo dos valores e premissas do direito tributário material.

A prestação da tutela jurisdicional é, insista-se, monopólio do Estado, que a exerce através dos órgãos do Poder Judiciário. No âmbito tributário, caso o conflito não seja equacionado na esfera administrativa, seja porque o administrado não a utilizou, seja porque não se satisfez com o seu resultado, sempre haverá a possibilidade de acesso ao Poder Judiciário, único competente para impor às partes uma solução definitiva para o conflito.

Dentre as diversas classificações doutrinárias, destaca-se aquela que classifica o processo segundo o autor da provocação jurisdicional: os processos iniciados por provocação do Estado-Fisco são classificados como exacionais enquanto que os iniciados por provocação do contribuinte, por sua vez, antiexacionais.

Conforme já destacado ao longo desse capítulo, a Fazenda Pública é capaz de constituir o seu próprio título executivo extrajudicial de forma unilateral, extraindo a certidão de dívida ativa a partir das anotações do livro da dívida ativa e, por isso, prescinde de tutela de conhecimento. O direito já está dito na CDA. Restam à Fazenda, a tutela jurisdicional executiva e a cautelar, de natureza satisfativa e assecuratória respectivamente.

Dentre as ações de iniciativa do Fisco ou exacionais, destaca-se a Execução Fiscal, disciplinada pela Lei n. 6.830/1980 e, subsidiariamente, pelo Código de Processo Civil. Trata-se de uma espécie de processo de execução por quantia certa de título extrajudicial, que visa a satisfação de um direito certo, líquido e exigível, reconhecido por meio da CDA e até então inadimplido. A Execução Fiscal é um dos procedimentos mais utilizados e contém alguns aspectos específicos, pensados na sua edição como mecanismo para conferir maior eficiência e efetividade à cobrança do crédito tributário.

Segundo a Exposição de Motivos da LEF, o CPC de 1973 teria dado "ao crédito público o mesmo tratamento da nota promissória e da letra de câmbio", o que justificaria que, em 1980, a LEF tratasse de: assegurar à realização da receita pública os melhores meios da execução judicial, [através de] disposições capazes de conferir condições especiais para a defesa do interesse público, como é tradição em nosso direito, desde o Império.

Apesar da possibilidade de citação pelo correio, do despacho inicial integrado e outros aspectos pensados para conferir maior eficiência à Execução Fiscal, ela é atualmente a grande responsável pela alta taxa de congestionamento de processos no Poder Judiciário, conforme destaca o relatório Justiça em Números 2016, referente ao ano 2015, publicado pelo CNJ:

> Dentro do quadro geral das execuções, pode-se afirmar que o maior problema são as execuções fiscais. Na verdade, como sabido, o

Arbitragem no Contrato de Trabalho – 27

executivo fiscal chega a juízo depois que as tentativas de recuperação do crédito tributário se frustraram na via administrativa, levando à sua inscrição da dívida ativa.

O relatório vai além na análise e aponta como principal responsável por essa frustração das Execuções Fiscais a repetição de etapas e providências de localização do devedor ou patrimônio, já adotadas pela Administração Fazendária ou pelo Conselho de Fiscalização Profissional sem sucesso. Apontou ainda serem frequentes as Execuções Fiscais justamente de títulos cujos valores são mais difíceis de serem recuperados, ou seja, dos "créditos podres" que, independentemente do procedimento adotado, a execução fiscal não lograria êxito, pois é "natimorta".

A baixa eficiência da execução fiscal decorre de vários aspectos, entre os quais a desconsideração de elementos essenciais, como a qualidade das informações para localização do executado e de seus bens ou a exequibilidade do crédito, a morosidade e a quantidade exorbitante de processos, a reduzida taxa de solução e a falta de estrutura dos órgãos de cobrança.

A análise da exequibilidade do crédito, quando ocorre, é pautada exclusivamente na classificação do crédito segundo o seu montante, não quanto à sua qualidade ou ao seu potencial de recuperação. O montante é levado em conta, por exemplo, ao não se ajuizarem cobranças de créditos da Procuradoria-Geral da Fazenda Nacional (PGFN) inferiores a R$ 20 mil (vinte mil reais), conforme art. 20, Lei n. 10.522/02, cumulado com a Portaria 130/2012 do Ministério da Fazenda. No entanto, esse não é o mecanismo mais indicado. Além da análise do montante do crédito, deve-se ter em mente a análise da solvabilidade do devedor.

O exame da qualidade e solvabilidade do crédito parecem igualmente recomendáveis. A pesquisa encontrou casos que permitem afirmar que a estratégia do processamento diferenciado das execuções fiscais contra grandes devedores pode ser um desperdício de energia, tempo e dinheiro nos casos em que o devedor teve sua falência decretada há muito tempo e o crédito não foi levado a concurso de credores. Isso revela que a análise do valor cobrado deve ser feita conjuntamente com a qualidade ou solvabilidade deste crédito. A partir desta classificação prévia será possível decidir qual o melhor destino a se dar ao crédito – e muitas vezes este não será a cobrança judicial.

Repise-se que a execução fiscal não é somente ajuizada pelo Fisco em decorrência de créditos tributários. Segundo o art. 1º da Lei n. 6.830/80, a execução fiscal pode ser ajuizada para cobranças dos entes e suas autarquias de dívidas tributárias ou não. E é quando esses outros órgãos, a exemplo dos Conselhos Profissionais, figuram no polo ativo da execução que, segundo a pesquisa do IPEA, verifica-se a propositura de ações de execução para cobranças irrisórias que não compensam os custos envolvidos na movimentação da máquina judiciária.

A Execução Fiscal, regulamentada pela Lei n. 6.830/80, foi pensada para ser menos burocrática do que a execução de título extrajudicial para pagamento de quantia certa, dispensando o magistrado das atividades burocráticas para se concentrar tão somente na atividade jurisdicional. Ocorre que, depois de quase três décadas da sua entrada em vigor, a execução fiscal mostra-se como uma das maiores mazelas do Poder Judiciário, obstruindo especialmente a Justiça Federal e a Justiça Estadual.

Esse infeliz cenário não é exclusivamente brasileiro. Em Portugal, diante de mazelas semelhantes na execução fiscal, foi promulgado o Decreto-Lei n. 10/2011, de 20 de janeiro, que regula, no ordenamento lusitano, a arbitragem em matéria tributária como forma alternativa de solução de conflitos fiscais. A partir desse exemplo lusitano, pergunta-se se a arbitragem seria o caminho para a solução alternativa e pacificação do conflito tributário também no Brasil.

Cabe ao Poder Judiciário, como função precípua, a solução de conflitos. Por integrar a Administração Pública, essa esfera de poder também tem sua atividade orientada pelos princípios estampados no artigo 37 da Constituição Federal. Deveria o Poder Judiciário Brasileiro ser, portanto, eficiente. Contudo, não é.

É conhecimento de todos que o Poder Judiciário brasileiro, já há algum tempo, não consegue solucionar a contento os inúmeros problemas que afloram na sociedade e lhe são apresentados. Inúmeras causas são apontadas para essa danosa morosidade, violentadora do princípio da eficiência e, por que não, do direito fundamental de acesso à justiça.

Geralmente são apontados como culpados pelo crescente acervo de processos pendentes de solução o aumento da litigiosidade, a escassez de recursos humanos e precariedade das condições de trabalho, os inúmeros recursos manejáveis, a desorganização do trabalho cartorário etc. Numa análise dos principais processos que obstruídos, a execução fiscal desponta.

Esforços têm sido empregados para contornar esse cenário. Exemplo disso é a publicação, no dia 06 de maio de 2016, da Portaria RFB n. 719, que estabelece a revisão de ofício de créditos tributários, inscritos ou não na Dívida Ativa da União (DAU). Trata-se de uma clara tentativa de reduzir a necessidade de judicialização de questões tributárias através da valorização do processo administrativo.

Segundo essa portaria, as decisões sobre a revisão de ofício, seja nas hipóteses do art. 149, CTN, ou ainda em decorrência da prescrição ou revisão de juros ou multa de mora, passam a ser proferidas por despacho decisório dos Auditores-Fiscais da Receita Federal. Já a revisão da cobrança de créditos tributários será efetuada por despacho simples de Auditor-Fiscal da Receita Federal do Brasil ou por Analista-Tributário da Receita Federal do Brasil, passível de reanálise pela chefia imediata ou até mesmo pelo Inspetor-Chefe da Receita Federal. O ponto alto dessa portaria é a previsão de uma via alternativa ao questionamento de um débito indevido sem que o contribuinte precise recorrer ao Conselho Administrativo de Recursos Fiscais ou mesmo ao Poder Judiciário.

A doutrina também vem defendendo a opção por soluções alternativas de conflito, tendo em vista especialmente a simplicidade e agilidade desses métodos. Na busca por mecanismos alternativos para o adequado tratamento dos conflitos entre o Fisco e os contribuintes, desponta a arbitragem em matéria tributária.

Parcela da doutrina enxerga na arbitragem em matéria tributária um mecanismo hábil a desafogar o Poder Judiciário de demandas que questionam aspectos relacionados à interpretação de leis e demais atos normativos para concentrar a atividade jurisdicional somente quando necessária a sua coercibilidade. Outros já entendem cabível a arbitragem como alternativa para as demandas mais simples e numerosas. Independentemente da natureza das demandas, se complexas ou simples e numerosas, a aplicação da arbitragem em matéria tributária encontra fortes argumentos que põem em xeque a sua possibilidade.

Enfim, é chegado o momento de verificar se a relação jurídica tributária atende aos requisitos para ser submetida a arbitragem. Para tanto, serão enfrentados alguns questionamentos sobre a disponibilidade ou não do crédito tributário, bem como a existência de autonomia da vontade e, por fim, se a arbitragem seria efetivamente a solução para o gargalo da execução fiscal.

Certamente, a disponibilidade ou não do crédito tributário é o primeiro grande obstáculo que induz a negativa da arbitragem em matéria tributária. De início, é mesmo difícil aceitar a ideia de disponibilidade do crédito tributário por esse ser entendido como um patrimônio público. A tendência é negar que os direitos patrimoniais públicos sejam indisponíveis ante o princípio da supremacia do interesse público.

O Código Tributário Nacional, em seu artigo 139, define a natureza jurídica do crédito tributário, porém não lhe conceitua. A partir da leitura combinada desse com o artigo 142 do CTN, é possível conceituar o crédito tributário como a obrigação tributária que, a partir da prática de um ato administrativo, o lançamento, tornou-se certa, líquida e exigível.

A obrigação tributária nasce com a ocorrência, no mundo fenomênico, de um fato definido em lei como fato gerador do tributo. No entanto, para que seja definido o crédito correspondente, exige-se um procedimento administrativo que culminará na prática de um ato administrativo. No decorrer desse procedimento, será definido com precisão o montante do tributo ou penalidade, o devedor e o prazo para pagamento, aspectos que estarão expressos no ato de lançamento.

É o ato administrativo de lançamento que conferirá exigibilidade à obrigação. Somente a partir dele é possível, nos termos do CTN, falar em crédito tributário. Trata-se o lançamento, como visto, de um ato que declara a obrigação tributária, na medida em que verifica a ocorrência do fato gerador, e constitui o crédito tributário, sendo, portanto, um ato de natureza mista. Não há, portanto, razão para se confundir obrigação, lançamento e crédito tributário, malgrado a doutrina critique o tratamento apartado da obrigação e do crédito tributário.

No momento em que o CTN afirma, no parágrafo único do artigo 142, que a atividade administrativa de lançamento é vinculada e obrigatória, alguns autores defendem, a partir dessa afirmativa, a suposta indisponibilidade do crédito tributário. Hugo de Brito Machado argumenta ser vetado ao agente público abrir mão desse direito, salvo em situações excepcionais.

Segundo o artigo 3º do CTN, "tributo é toda prestação pecuniária compulsória, em moeda ou cujo valor nela se possa exprimir, que não constitua sanção de ato ilícito, instituída em lei e cobrada mediante atividade administrativa plenamente vinculada". Logo, a atividade de cobrar a obrigação tributária com a constituição do crédito tributário, é indisponível, pois está vinculada.

Assim, verificada ocorrência do fato gerador no mundo fenomênico, não pode o agente público furtar-se do procedimento de constituição do crédito. No entanto, o crédito tributário, apesar de integrar o patrimônio da Administração Pública, não é em si indisponível.

A indisponibilidade do interesse público decorre da sua titularidade: a coletividade é titular do interesse público, cabendo à Administração tão somente, por mais óbvio que isso possa parecer, administrar conferindo-lhe efetividade. Conforme destaca Maria Sylvia Zanella Di Pietro, nem todo direito patrimonial, no âmbito do direito público, é indisponível. "Por vezes, a disponibilidade de um patrimônio público pode ser de mais interesse da coletividade do que a sua preservação".

O crédito tributário insere-se nesse conjunto patrimonial público disponível, apesar do valor da sua arrecadação ser uma das principais fontes de renda para a efetivação de direitos públicos primários, como a saúde, educação e segurança. Tanto é disponível que o próprio CTN prevê a possibilidade de anistia, transação e remissão do crédito tributário, nos artigos 151, 156 e 171.

A opção pela arbitragem não viola a indisponibilidade do interesse público. Repise-se que não é todo e qualquer interesse público que é indisponível, mas tão somente o interesse público primário. No caso, conforme ressaltado pelo Ministro Luiz Fux, relator do Agravo Regimental no Mandado de Segurança 11.308/DF, ao optar pela arbitragem não se está transigindo com o interesse público, nem abrindo mão de instrumentos de defesa de interesses públicos; mas, sim, opta-se por uma forma mais expedita, ou um meio mais hábil, para a defesa do interesse público. "Em verdade, não há que se negar a aplicabilidade do juízo arbitral em litígios administrativos, em que presente direitos patrimoniais do Estado, mas ao contrário, até mesmo incentivá-la, porquanto mais célere".

A arbitragem em matéria tributária, portanto, versa sobre um interesse de geração de riqueza para o Estado, essencialmente secundário e consequentemente disponível. Ademais, na arbitragem, o fisco está simplesmente optando por uma forma diversa de resolução da controvérsia. Porém, ante os princípios da legalidade e a segurança jurídica que norteiam a atuação administrativa, a submissão do conflito tributário à arbitragem depende de lei específica que regule o processo arbitral.

A Constituição Federal estipula limitações ao poder de tributar, ou seja, ela procura limitar a invasão patrimonial perpetrada pelo Estado ao exigir dos governados uma participação no custeio dos encargos públicos. Essa limitação tem amparo, especialmente, nos princípios constitucionais encontrados nos artigos 150 a 152, CF/88, dos quais destaca-se o princípio da legalidade.

O princípio da legalidade tem origem remota, sendo historicamente apontado como primeira manifestação escrita a Carta Magna de 1215, subscrita pelo Rei João Sem Terra como contrapartida exigida pela nobreza para a sua manutenção no poder. Esse documento consistia num verdadeiro estatuto e procurava inibir a atividade expropriante avassaladora. Para tanto, foi imposta a necessidade de concordância prévia dos súditos para a cobrança dos tributos.

A invasão patrimonial precisava ser precedida pelo consentimento popular. O tributo haveria de ser consentido.

O artigo 150 da Constituição Federal de 1988, ao estipular as garantias do contribuinte, veda à União, Estados, Municípios e ao Distrito Federal a exigência ou aumento de tributo sem lei que o estabeleça. Numa interpretação mais imediatista, associa-se a necessidade da lei tão somente à criação e majoração do tributo. Contudo, a melhor interpretação exige previsão legal também para a extinção do tributo, bem como as desonerações.

Ademais, a legalidade, também consagrada no art. 5º, inciso II, da Constituição Federal, se impõe nas relações processuais, sendo aplicável também aos processos administrativos preparatórios e os de controle interno da legalidade dos atos administrativos, bem como no processo tributário judicial.

Toda a atividade processual tributária deve ser desenvolvida na forma prevista em lei, materializando o devido processo legal. A arbitragem ou qualquer outro método de solução de controvérsias se desprovido de respaldo legal, em matéria tributária, padece de ineficácia.

Essa previsão legal poderá ser feita através de lei ordinária. Apesar da Constituição Federal, em seu art. 146, determinar que cabe a lei complementar estabelecer normas gerais em matéria de legislação tributária, essa exigência não é extensível ao processo tributário, sendo possível que uma lei ordinária federal autorize a arbitragem em matéria tributária.

A despeito de o Código Tributário Nacional tratar das normas gerais em matéria tributária, ele é omisso em relação ao processo tributário em si. Para o processo tributário, em verdade, aplica-se muito do Código de Processo Civil e a Lei n. 6.830/80 – Lei de Execução Fiscal, ambas ordinárias. Além disso, a própria CF/88, em seu artigo 22, I, autoriza que lei federal ordinária verse sobre normas processuais.

Em posicionamento favorável à arbitragem em matéria tributária, Antônio Souza Ribas afirma que a "indisponibilidade do crédito tributário e a estrita legalidade não impedem a administração de se submeter à arbitragem, exigindo-se apenas que o legislador possa definir com suficiente precisão os pressupostos e o alcance deste mecanismo de solução de conflitos".

A opção pela arbitragem em matéria tributária não significa que as partes estejam dispondo ao seu bel prazer do crédito tributário em si e violando a indisponibilidade do interesse público. Ao revés! Elas apenas renunciam à solução jurisdicional do conflito. A Administração Pública deverá sempre, na busca do seu fim precípuo, ser eficiente, conforme art. 37, *caput*, CF/88. E mais desrespeitoso ao interesse público do que eventual opção pela arbitragem é uma decisão demorada ou até mesmo menos especializada, ainda que proferida pelo juízo estatal.

Ademais, insta ressaltar que essa renúncia à jurisdição estatal não é total. A sentença arbitral é título executivo extrajudicial, porém o juízo arbitral não detém *executio*, ou seja, poder de executar a sua própria decisão, tampouco coercibilidade para cumprir alguma diligência. Nessas hipóteses, deverão as partes recorrer ao Poder Judiciário necessariamente. Eventuais questões que suplantem a competência do juízo arbitral, portanto, deverão ser levadas ao Poder Judiciário.

Advirta-se que a opção pela arbitragem não implica necessariamente em resultado positivo favorável aos contribuintes ou à Administração Pública. Define apenas que a solução será dada através de uma sentença arbitral proferida por um terceiro imparcial, nada além.

No entanto, a norma material alcançada ao final, quando da prolação dessa sentença arbitral, deverá encontrar fundamento no próprio CTN ou em lei que verse sobre matéria tributária. O parágrafo terceiro do artigo segundo da Lei de Arbitragem veda o uso da equidade em arbitragem que envolva a Administração Pública. Assim, "caso venha a ser possível que o crédito tributário regularmente constituído pelo Fisco seja desconstituído por sentença arbitral, tal hipótese deverá constar expressamente no CTN".

Por fim, a adoção da arbitragem dependerá da anuência do contribuinte.

A arbitragem promove a plena autonomia do indivíduo e desponta como um meio ágil e eficaz de solução de conflitos ante a morosidade e pouca efetividade da tutela jurisdicional. Dentre os seus princípios basilares, destaca-se a autonomia da vontade.

Segundo Francisco Amaral, autonomia da vontade não se confunde com a autonomia privada. A autonomia da vontade tem uma conotação subjetiva, consiste no querer, o impulso psicológico que dá causa ao ato jurídico praticado. É o princípio da autonomia da vontade que dá ampla liberdade às partes para optarem pelo juízo via arbitral, escolherem os árbitros, a lei aplicável e até mesmo definirem o procedimento.

Somente haverá solução arbitral se as partes manifestarem interesse em submeter o conflito à arbitragem. Porém, em matéria tributária, essa liberdade não é ampla, mas, sim, encontra limites na lei e na tipicidade tributária.

A arbitragem deverá ser desenvolvida respeitando o contraditório, a igualdade das partes, a imparcialidade do árbitro e seu livre convencimento, conforme parágrafo segundo do artigo 21 da Lei de Arbitragem, e especialmente o devido processo legal, consagrado constitucionalmente no inciso LIV do artigo 5º.

Ocorre que, na relação jurídica tributária, há a vulnerabilidade do contribuinte, potencializada pelo Estado de Direito que, ao mesmo tempo em que cria a regra obrigacional tributária, também constitui e cobra o crédito tributário através do lançamento e, por fim, julga eventual conflito por meio de seus órgãos administrativos ou judiciais. O Estado Fiscal é, ao mesmo tempo, credor, executor e julgador na relação jurídica tributária.

Sem dúvida, este ente jurídico domina amplamente os três momentos da relação tributária. Momento estático, relacionado ao Direito Tributário Material (DTM); e crítico, relativo ao Direito Processual Tributário (DTP). Semelhante condição de controle pluripotencial do devedor pelo credor não ocorre nas relações obrigacionais civis ou comerciais, quer sejam, *excontractus*, e portanto diretamente decorrentes de contratos, cártulas ou mesmo quando *ex lege*, i.e., decorrentes da lei.

Essa tripla função do Estado ao longo da relação jurídica tributária bem como o aparato da máquina estatal submetem o contribuinte à vulnerabilidade material, formal e processual. A função arrecadatória da norma tributária assume um relevo político econômico que implica na vulnerabilidade do contribuinte ante a Fazenda Pública. Já a formal consiste na dificuldade do controle da atuação fazendária, marcada fiscalização, lançamento e cobrança de tributos. Por fim, "a vulnerabilidade processual do contribuinte se exprime quando a função jurisdicional do Estado, administrativa ou judicial, ocorre especificamente no caso de o julgador integrar os quadros funcionais do próprio Estado, gerando assim susceptibilidade ao contribuinte".

A vulnerabilidade do contribuinte, portanto, é um importante obstáculo à adoção da arbitragem, ante a desigualdade das partes envolvidas. Apesar disso, há quem defenda ainda assim a viabilidade da arbitragem em matéria tributária. Argumenta Priscila Faricelli de Mendonça que, nesse caso, a arbitragem deverá ser adotada a partir da previsão legal para sua instauração nas controvérsias, não como manifestação exclusiva da autonomia da vontade.

Mendonça propõe uma mitigação da autonomia da vontade. Seria necessário, então, uma cláusula compromissória *suis generis*, pois, ao invés de pactuada entre as partes num contrato paritário, ela seria fruto de uma prévia imposição legal, ante a marcante hipossuficiência do contribuinte na relação jurídica tributária.

Como a seara tributária é *sui generis* e ambas as partes compõem um vínculo jurídico independentemente de vontade – na medida em que o Estado deve exercer a competência tributária e não pode abrir mão da arrecadação, a seu turno, o contribuinte, ao praticar um fato jurídico relevante para fins de tributação, não escolhe estar sujeito ou não à tributação, sendo-lhe tal imposta por decorrência legal – não se mostra necessário que a solução da controvérsia tributária dependa exclusivamente da autonomia da vontade.

Ela questiona se a ausência de manifestação puramente decorrente da autonomia da vontade seria suficiente para impedir que seja adotada a solução arbitral para a apuração do valor devido, por exemplo. A essência da arbitragem e a natureza vinculante do ato de lançamento levam a crer que sim, pode haver impedimento.

A apuração do valor devido pelo contribuinte é feita através do procedimento preparatório de lançamento, que, segundo o parágrafo único do artigo 142, é atividade vinculada e obrigatória. Conforme já ressaltado anteriormente, a verificação da ocorrência do fato gerador da obrigação correspondente, a determinação da matéria tributável, o cálculo do montante do tributo devido e a identificação do sujeito passivo devem ser praticados pelo agente público nos exatos limites fixados pela lei.

Ademais, não se pode olvidar que a autonomia da vontade é elemento intrínseco da arbitragem. A sua imposição legal rompe com a voluntariedade marcante da sua essência e limita o acesso à justiça estatal, que acabaria restrito aos casos que suplantam os limites da sentença arbitral ou de sua nulidade. Melhor seria uma autorização legal, não uma imposição. Repise-se que a sentença arbitral é irrecorrível, salvo nos casos de error *in procedendo*.

Tradicionalmente, a vinculação dos atos impõe que a vontade do agente, exteriorizada pelo ato administrativo, reproduza a do legislador, que de antemão já fixou, em lei, todos os elementos do ato administrativo. A discricionariedade, contudo, existe nas hipóteses em que é conferida ao agente uma maior liberdade de atuação, com a viabilização de opções de ação ao agente público, que escolherá a melhor segundo um juízo de conveniência e oportunidade.

Atualmente, essa dicotomia vinculação e discricionariedade vêm sendo relativizada. Argumenta-se que "não se pode conceber que a atuação do Administrador seja exclusivamente vinculada e mecanizada, pois sempre existirá alguma margem interpretativa da norma jurídica".

No caso da norma tributária, apesar da vinculação do procedimento de lançamento à lei e da tipicidade tributária, nem sempre a norma jurídica é clara, valendo-se em alguns até mesmo casos de conceitos jurídicos indeterminados, o que intensifica a margem de discricionariedade.

Sucede que a clareza do texto da norma, com os seus conceitos determinados e enumerações taxativas, nem sempre é possível no Direito Tributário. A própria procura da clareza pode conduzir ao preciosismo, ao perfeccionismo e ao excesso de regulamentação. As normas tributárias, inflacionadas e de duração efêmera, não primam, nem mesmo em países de sólida tradição jurídica, pela perfeição da forma, sendo defeituosas e imprecisas em grande número. Além disso, o Direito Tributário não pode prescindir dos conceitos indeterminados e dos tipos jurídicos que, abertos por natureza, possibilitam a reelaboração e a renovação da norma por parte do intérprete.

Contudo, de acordo com Aurélio Pitanga Seixas Filho, a doutrina não é uníssona quanto à discricionariedade na interpretação da norma tributária. Tradicionalmente, defende-se a tipicidade fechada, na qual à luz dos artigos 150, I, cumulado com o artigo 5º, I, da Constituição Federal, os tributos devem ser criados por lei, em sentido formal, com a previsão de todos os aspectos do fato gerador necessários à quantificação do tributo.

Porém, conforme pontua Humberto Ávila, "a lei não contém as próprias decisões, mas indica os parâmetros ou padrões em razão dos quais a decisão será tomada. Por isso, a representação da tipicidade enquanto cálculo antecipado legal 'de todas as decisões possíveis' é ilusória". As leis tributárias não são necessariamente minuciosas como desejam os formalistas e não há que falar em qualquer prejuízo para a segurança jurídica, pois essa "não significa qualquer garantia de previsão absoluta de conteúdo por meio de conceitos, uma vez que é impossível à linguagem do Direito assegurar uma predeterminação absoluta".

Ao interpretar a lei tributária, o aplicador encontra nela um ponto de partida, não uma resposta pronta, pré-concebida e afastada do mundo fenomênico no qual ele está inserido. Na construção da norma tributária, invariavelmente o agente público aplicará sua bagagem cultural, que pode divergir da do contribuinte, gerando um conflito de interpretações a respeito da verificação ou não da hipótese de incidência no caso concreto, podendo evoluir para um litígio.

Recorda Aurélio Pitanga Seixas Filho que não raras vezes o fato gerador "tem particularidades ou especificidades que não estão ao alcance do conhecimento comum, como a classificação tarifária para pagar o imposto de importação ou a contabilidade para o imposto de renda". Tais divergências ou mal-entendidos a respeito da matéria de fato podem ser dirimidos pela aplicação da arbitragem em matéria tributária.

Assim, apesar do caráter vinculante do ato de lançamento, a arbitragem pode encontrar terreno fecundo em matéria tributária para dirimir eventuais conflitos sobre matéria de fato, ou seja, a ocorrência ou não dos fatos geradores, com a demonstração mediante provas concretas.

Ao convencionarem pela submissão do conflito à arbitragem, as partes envolvidas celebram uma convenção sobre as normas de processo. Para que tal convenção tenha validade, exige-se razoável igualdade entre as partes para que possam negociar técnicas e organização. Do contrário, as disposições podem ser facilmente manipuladas pela parte mais forte com vistas a eximir-se de ônus ou deveres, dificultando a atuação da parte adversária, a mais fraca.

As relações jurídicas tributárias compõem um dos melhores exemplos dessa disparidade de poderes, marcada, por um lado, pelo Estado, farto de verdadeiros privilégios disfarçados sob a denominação de prerrogativas, e, por outro, o contribuinte, que, não raras vezes, paga o tributo porque lhe deram um prazo para tanto, sem nem mesmo questionar a legalidade das razões invocadas.

James Marins de Souza destaca que o contribuinte necessita de certidões negativas para o desenvolvimento regular de suas atividades, porém a Fazenda Pública não; o contribuinte está sujeito à penhora de bens móveis e imóveis, mas a Fazenda Pública não; o contribuinte está sujeito a "penhora on line" dos recursos eventualmente existentes em sua conta corrente, porém a Fazenda Pública não; o contribuinte recebe seus créditos, determinados judicialmente, somente através de precatórios, se chegar a recebê-los, mas a Fazenda Pública não. Por fim, ele destaca que o contribuinte pessoa jurídica está sujeito à insolvência ou à falência, mas a Fazenda Pública não.

A verticalidade dessa relação jurídica é notória desde antes da Carta Magna de 1215, cujo advento teve, como um de seus escopos, limitar a sede arrecadatória do Estado, até então desenfreada.

Os defensores da arbitragem em matéria tributária, conforme ressaltado alhures, invocam a legalidade mais uma vez como instrumento equalizador da relação jurídica tributária para, enfim, viabilizar a sua aplicação. No entanto, o cabimento da arbitragem depende de algo mais do que conferir apenas ao contribuinte a escolha pela arbitragem e imposição dela à Administração Pública.

Uma das principais vantagens do juízo arbitral é a sua celeridade e simplificação, fruto da possibilidade de fixação pelas próprias partes do procedimento arbitral. Ocorre que essa negociação processual geralmente não encontra validade numa relação jurídica hierarquizada ante os abusos praticados pela parte mais forte. Por outro lado, repetir o procedimento processual civil, tão criticado pelo leque de recursos cabíveis e necessidade de múltiplos atos para o seu desenvolvimento, acabaria sendo uma repetição dos primeiros erros, verdadeira transferência de problema dos escaninhos do Poder Judiciário para as Câmaras Arbitrais.

Oswaldo Othon de Pontes Saraiva Filho destaca ainda que a irrecorribilidade das sentenças arbitrais, apesar de conferir celeridade ao procedimento arbitral, abre a possibilidade para múltiplas soluções divergentes entre os casos, sem possibilidade de harmonização ou uniformização posterior e final de jurisprudência.

A arbitragem, nos moldes previstos na Lei n. 9.307/96, prima pelo sigilo do procedimento, o que viola frontalmente a publicidade, um dos princípios basilares que devem nortear a atuação da Administração Pública, estampados nos artigos 5º, LX e 37, *caput*, da Constituição Federal.

Assim, diante da hipossuficiência e vulnerabilidade do contribuinte na relação jurídica tributária, entende-se ser difícil a aplicação da arbitragem como mecanismo alternativo de solução de conflitos tributários. Apesar disso, o direito português, em 2010, editou um decreto consagrando essa possibilidade.

A arbitragem voluntária em Portugal foi inicialmente regulada pela Lei n. 31 de 1986, posteriormente revogada pela ainda vigente Lei n. 63 de 2011. O item 5 da legislação vigente autoriza que o Estado e outras pessoas de direito público celebrem convenções de arbitragem, desde que estejam autorizados por lei ou se tais convenções tiverem por objeto litígios de direito privado.

38 – Gleibe Pretti

A Lei Orçamentária de 2010 autorizou a arbitragem em matéria tributária atendendo ao requisito anterior, já que o tributo é uma matéria de direito público. Porém, somente em 20 de janeiro de 2011, por meio do Decreto-Lei n. 10/2011, a arbitragem foi minuciosamente regulada como forma alternativa de resolução jurisdicional de conflito em matéria tributária.

De acordo com o seu preâmbulo, o DL n.10/2011 visa o cumprimento de três objetivos principais: reforçar a tutela eficaz dos direitos e interesses legalmente protegidos dos sujeitos passivos, imprimir uma maior celeridade na resolução de litígios tributário e, por fim, reduzir o acervo de processos pendentes nos tribunais administrativos e fiscais.

Para alcançar a celeridade processual, o Regime Jurídico da Arbitragem Tributária adotou um processo sem muito formalismo, baseado na oralidade e pautado pelo princípio da autonomia dos árbitros na condução do processo e com a fixação de um um limite temporal de seis meses para a prolação da decisão arbitral, ainda que prorrogável por sucessivos períodos de dois meses, com o limite de seis meses.

Em termos gerais, a arbitragem tributária portuguesa tem disposições semelhantes às existentes na Lei brasileira n. 9.307/96. A arbitragem tributária portuguesa é um método de solução de conflito através de um terceiro imparcial, o árbitro, que pode ser singular ou coletivo, escolhido pelas partes ou designado pelo Centro de Arbitragem Administrativa (CAAD), cuja decisão também tem o mesmo valor que as sentenças judiciais, sendo vedado o recurso à equidade.

O CAAD é um centro de arbitragem de carácter institucionalizado, que funciona a partir de uma associação privada sem fins lucrativos, cuja constituição foi promovida pelo Ministério da Justiça. Os tribunais arbitrais funcionam sob a organização do CAAD, o qual funciona, por sua vez, sob a égide do Conselho Superior dos Tribunais Administrativos e Fiscais.

Assim como no Brasil, a arbitragem portuguesa somente tem início com a constituição do tribunal arbitral. Porém, não é todo e qualquer conflito tributário que pode ser submetido à essa forma alternativa de solução de conflitos.

Segundo o artigo 2º do Decreto Lei português n. 10/2011, alterado pela Lei n. 64-B/2011, os tribunais arbitrais são competentes para apreciar tão somente a "declaração de ilegalidade de actos de liquidação de tributos, de autoliquidação, de retenção na fonte e de pagamento por conta", bem como a "ilegalidade de actos de fixação da matéria tributável quando não dê origem à liquidação de qualquer tributo, de actos de determinação da matéria colectável e de actos de fixação de valores patrimoniais". As execuções fiscais não estão incluídas na competência dos Tribunais Arbitrais portugueses.

Arbitragem no Contrato de Trabalho – **39**

Em síntese, o contribuinte realiza o pedido de instauração da arbitragem e a administração pública é chamada ao processo para, caso deseje, revogar ou substituir o ato sob o qual o contribuinte está solicitando a arbitragem. Caso o fisco não realize nenhum desses atos, dar-se-á início ao procedimento arbitral pela designação dos árbitros, conquanto a administração tributária fique impossibilitada de praticar novo ato relativo ao mesmo sujeito passivo, ao imposto e ao período de tributação, exceto com fundamento em fatos novos. Quando apresentado o pedido de constituição de tribunal arbitral, o crédito tributário terá o mesmo efeito que lhe caberia quando do ingresso em juízo, ou seja, a suspensão do processo de execução fiscal e a suspensão e interrupção dos prazos de caducidade e de prescrição da prestação tributária.

O Regime de Arbitragem Tributária português, regulado pelo Decreto n. 10/2011 e Portaria n. 112-A/2011, diverge muito pouco da Lei de Arbitragem brasileira, sendo uma marcante diferença entre eles a possibilidade excepcional de interposição de recurso em face da decisão arbitral nos casos em que ela divergir de acórdão proferido pelo Tribunal Central Administrativo ou pelo Supremo Tribunal Administrativo.

O recurso ao Tribunal Central Administrativo ou pelo Supremo Tribunal Administrativo nos casos de sentença arbitral divergente de seus acórdãos consiste em instrumento que, por um lado, compromete um pouco a celeridade do processo arbitral, porém mostra-se capaz de harmonizar e uniformizar a jurisprudência, contornando a crítica tecida por Oswaldo Othon de Pontes Saraiva Filho à arbitragem tributária no direito brasileiro.

Como alternativa ao problema suscitado anteriormente da hipossuficiência e vulnerabilidade do contribuinte e a fixação do procedimento arbitral, o RJAT Português atribuiu competência ao CAAD, "um centro de arbitragem institucionalizado, com um procedimento próprio previamente regulamentado, insusceptível de manipulação pelas partes, e que actua sob supervisão do Conselho Superior dos Tribunais Administrativos e Fiscais", similar ao Conselho Administrativo de Recursos Fiscais no Brasil. Essa foi a forma encontrada pelo ordenamento lusitano para resguardar a imparcialidade, transparência e idoneidade da arbitragem tributária.

Pesquisas promovidas pelo Conselho Nacional de Justiça e IPEA apontam a insuficiência da execução fiscal como instrumento exacional para a solução de conflitos tributários entre o Fisco e os contribuintes. Com um custo individual de até R$ 4.368,00 (quatro mil, trezentos e sessenta e oito reais) somente para a movimentação da máquina pública, a cada 100 execuções fiscais, 91 permanecem enchendo os escaninhos das Justiças Comuns Estaduais e Federais.

Nesse cenário, não é raro que as partes aguardem por anos e anos para, mediante uma sentença judicial, seja alcançada uma solução, ainda que muitas vezes pautada mais em prescrição intercorrente do que verdadeiramente técnica, ao conflito apresentado.

A partir dessa frontal violação ao princípio da eficiência, que também deve nortear a atividade jurisdicional e do exemplo do direito comparado, especificamente português, procurou-se analisar, sem pretensão de esgotar o tema, se a arbitragem seria, tal como defendem alguns autores mais modernos, uma solução alternativa viável para os conflitos tributários no sistema jurídico brasileiro.

Entre todos os meios alternativos de conflito, o enfoque foi conferido à arbitragem por se tratar de um método de heterocomposição que, à semelhança do Poder Judiciário, visa alcançar a solução do conflito apresentado através da imposição de uma decisão emitida por um terceiro, em tese, imparcial. A partir dessa característica, alguns doutrinadores enxergam na arbitragem uma jurisdição privada. Outros, no entanto, criticam veementemente esse posicionamento e interpretam a arbitragem como um equivalente jurisdicional.

Ocorre que a arbitragem, segundo a Lei n. 9.307/96, somente é possível para dirimir conflitos sobre direitos patrimoniais disponíveis. Adentrou-se, então, na análise de temas bastante caros ao Direito Tributário, como a natureza do crédito tributário, se disponível ou não, e Direito Administrativo, ao alinhar-se a uma interpretação moderna do princípio da indisponibilidade do interesse público.

Verificou-se que, ao revés do que uma interpretação mais imediata possa dar a entender, a suposta indisponibilidade que se depreende do art. 142, CTN, não é do crédito tributário em si, mas, sim, do procedimento preparatório de lançamento, seja ele de ofício, direto ou por homologação. Interpretação diversa afundaria o Sistema Tributário Nacional em perigosa contradição, haja vista que o próprio CTN autoriza, em seu artigo 156, a extinção do crédito por meios alternativos de solução de conflito, como a transação, importante subespécie da autocomposição, possível somente sobre direitos disponíveis.

Um alerta, porém, mostrou-se necessário. Ainda que disponível o crédito tributário, devido ao princípio da legalidade, que limita o poder de tributar, a sua disposição, somente poderia ser feita mediante autorização legal expressa.

O Estado desempenha uma tríplice função ao longo da relação jurídica tributária. Em sua fase embrionária, cabe ao Estado a criação de tributos segundo a competência fixada constitucionalmente, por meio da edição de leis que supostamente representam a vontade popular. Ocorrido o fato gerador, o Estado passa a agir como parte interessada ao cobrar o tributo que entende ser devido pelo contribuinte. Por fim, a última trincheira também é ocupada pelo Estado, que, no desempenho da sua função jurisdicional, invocou para si o poder de solucionar eventuais conflitos. Em outras palavras, o Estado cobra e também executa o tributo que ele alega ser devido.

Trata-se, portanto, de uma relação jurídica verticalizada, diametralmente oposta à tradicionalmente submetida à arbitragem. Conforme evidenciado anteriormente, a arbitragem é um método alternativo de solução de conflitos marcado pelo mais puro exercício da autonomia da vontade das partes, que viabiliza até mesmo que as partes disponham sobre o procedimento arbitral e escolham o juiz arbitral, responsável por dirimir o conflito. Tudo isso somente é possível em relações paritárias. Relações jurídicas verticalizadas como a tributária são, ao revés do que se espera na arbitragem, terreno fértil para a perpetração de abusos.

Identificou-se, assim, o principal obstáculo à aplicação da arbitragem: a hipossuficiência e vulnerabilidade do contribuinte perante o fisco. Ventilada pela doutrina a possibilidade de manifestação da vontade do contribuinte através da adesão a um modelo pré-concebido pela própria Administração Pública, não identificamos nessa hipótese a autonomia da vontade inerente à arbitragem, mas, sim, uma confusão entre o método alternativo de solução de conflito e o processo administrativo fiscal.

Diante desse impasse, concluímos pela impossibilidade, na atual conjuntura jurídica, da submissão, no ordenamento jurídico brasileiro, de conflitos tributários à arbitragem. No entanto, como último fio de esperança, buscou-se no direito comparado alguma alternativa para a manifestação de vontade do contribuinte em aderir à arbitragem, mesmo numa relação jurídica nada igualitária como a tributária.

Verificou-se que o Direito Português, malgrado vanguardista na adoção da arbitragem em matéria tributária, parece ter passado por cima desse obstáculo e, autorizou, através de lei orçamentária com regulamentação via decreto-lei, a arbitragem de conflitos tributários, cabendo ao CAAD, um centro de arbitragem institucionalizado, com um procedimento próprio previamente regulamentado, o julgamento.

Por fim, repise-se que dificilmente a arbitragem em conflitos tributários seria suficiente para, tal qual uma boia salva-vidas, retirar o Poder Judiciário do afogamento das execuções fiscais. Tal ceticismo deve-se à principal característica da sentença arbitral: a sentença arbitral é título executivo extrajudicial, porém o juízo arbitral não detém *executio*, ou seja, poder de executar a sua própria decisão, tampouco coercibilidade para cumprir alguma diligência. Nessas hipóteses, deverão as partes recorrer ao Poder Judiciário necessariamente. Assim, de qualquer sorte, execuções fiscais continuarão sendo ajuizadas, ainda que para dar efetividade a sentenças arbitrais tributárias.

DA EXTENSÃO SUBJETIVA DA CLÁUSULA COMPROMISSÓRIA ARBITRAL

Nos termos do artigo 3º da Lei de Arbitragem, a cláusula compromissória é espécie do gênero convenção arbitral, e possui "força de determinar a instauração futura de um juízo arbitral". Logo, diante de uma cláusula compromissória válida e eficaz, opera-se o seu efeito negativo, que impede o Poder Judiciário de analisar as matérias compreendidas no objeto da referida cláusula.

Dessa forma, não devem ser discutidas questões relacionadas a um contrato que contenha tal cláusula na Justiça Estatal.

Segundo Carmona, "a convenção de arbitragem tem um duplo caráter: como acordo de vontades, vincula as partes no que se refere a litígios atuais ou futuros, obrigando-as reciprocamente à submissão ao juízo arbitral; como pacto processual, seus objetivos são os de derrogar a jurisdição estatal, submetendo as partes à jurisdição dos árbitros. Portanto, basta a convenção de arbitragem (cláusula ou compromisso) para afastar a competência do juiz togado, sendo irrelevante estar ou não instaurado o juízo arbitral".

A exceção de arbitragem é amplamente reconhecida em nosso direito, inclusive pelo Superior Tribunal de Justiça:

> DIREITO PROCESSUAL CIVIL. RECURSO ESPECIAL. EXCEÇÃO DE PRÉ-EXECUTIVIDADE. NULIDADE DE SENTENÇA ARBITRAL. CLÁUSULA COMPROMISSÓRIA "CHEIA". COMPROMISSO ARBITRAL. PRESCINDIBILIDADE. ATA DE MISSÃO. DELIMITAÇÃO DA CONTROVÉRSIA E DAS REGRAS APLICÁVEIS. CONSENTIMENTO EXPRESSO. ARTIGOS ANALISADOS: 5º, 6º E 19 DA LEI N. 9.307/96.
>
> 1. Agravo de instrumento interposto na origem em 10.07.2007, do qual foi extraído o presente recurso especial, concluso ao Gabinete em 31.07.2013.

2. Exceção de pré-executividade oposta com o fim de declarar a nulidade de sentença arbitral, ante a ausência de assinatura de compromisso arbitral.

3. A convenção de arbitragem, tanto na modalidade do compromisso arbitral quanto na modalidade de cláusula compromissória, é suficiente e vinculante, afastando definitivamente a jurisdição estatal. (...)

PROCESSO CIVIL. JUÍZO ARBITRAL. CLÁUSULA COMPROMISSÓRIA. EXTINÇÃO DO PROCESSO. ART. 267, VII, DO CPC. SOCIEDADE DE ECONOMIA MISTA. DIREITOS DISPONÍVEIS.

1. Cláusula compromissória é o ato por meio do qual as partes contratantes formalizam seu desejo de submeter à arbitragem eventuais divergências ou litígios passíveis de ocorrer ao longo da execução da avença. Efetuado o ajuste, que só pode ocorrer em hipóteses envolvendo direitos disponíveis, ficam os contratantes vinculados à solução extrajudicial da pendência.

2. A eleição da cláusula compromissória é causa de extinção do Processo sem julgamento do mérito, nos termos do art. 267, inciso VII, do Código de Processo Civil.(...)

A questão da existência de cláusula arbitral e do afastamento da jurisdição estatal sobre as controvérsias existentes relacionadas é matéria de ordem pública (hipótese de incompetência absoluta, ou melhor, falta de jurisdição), inclusive, a Ministra Isabel Gallotti já teve a oportunidade de se posicionar, manifestando, em decisão proferida na Medida Cautelar n. 22.5745, seu entendimento de que a ausência de jurisdição do Poder Judiciário Brasileiro é "tema relativo às condições da ação e, que, portanto, deve preceder ao exame dos requisitos para o deferimento da antecipação de tutela".

Embora a convenção de arbitragem seja uma imposição da autonomia da vontade das partes, como ensina o Professor Dinamarco, há a possibilidade de se estender esse compromisso a sociedades integrantes de um mesmo grupo econômico, isto porque "a confusão patrimonial eventualmente existente nesses casos seria fator legitimante da desconsideração da personalidade jurídica, legitimando a extensão subjetiva da convenção"

Isso seria possível tendo-se em vista o objetivo da *disregard doctrine*, que visa coibir o uso da personalidade jurídica para evitar fraudes e abusos. Entretanto, trata-se de instituto muito delicado, que não deve ser aplicado indistintamente.

Entretanto, tal discussão não é pacífica em sede doutrinária, visto que muitos doutrinadores consideram que tal extensão só seria possível se presentes ambos os pressupostos consignados no artigo 50 do Código Civil, sendo eles o abuso da personalidade jurídica e a confusão patrimonial.

O Tribunal de Justiça do Estado de São Paulo já decidiu pela extensão da cláusula compromissória arbitral para grupos societários no precedente conhecido como caso Trelleborg.

Nos casos da Arbitragem processada à luz do art. 7º da Lei de Arbitragem (instituição judicial da arbitragem), havendo determinação na sentença judicial de inclusão no polo passivo da demanda à empresa-mãe de um grupo econômico do qual uma empresa que efetivamente tenha celebrado contrato com cláusula arbitral, as alegações mais comum são as que negam o vínculo direto por cláusula compromissória.

Entretanto, a jurisprudência tem entendido que quando resta demonstrado nos autos que a empresa controladora de um grupo econômico teve participação ativa no contrato objeto da arbitragem e/ou, quando há transferência de controle de determinada empresa à empresa do grupo que celebrou a cláusula de arbitragem, é possível a instauração de processo arbitral em face da empresa controladora. Segue abaixo ementa de apelação que corrobora com o referido entendimento:

"Sentença que instituiu Tribunal Arbitral para dirimir conflito entre as partes – Ilegitimidade de parte passiva afastada – Argumento reiteradamente desenvolvido que cai por terra, face às provas dos autos que demonstram à toda evidência o envolvimento nas negociações de que decorreu o litígio instaurado – Inexigibilidade de haver prévio contrato – Art. 1º da Lei n. 9.307/96 que tem como exigência a capacidade das partes para contratar, o que deve ser entendido como capacidade civil para manter relação jurídica que envolva direitos patrimoniais disponíveis."

Nesse sentido, ainda que haja a limitação das responsabilidades de cada companhia, vale lembrar que se for demonstrada a confusão entre a personalidade jurídica da empresa controladora e da personalidade jurídica da empresa do grupo que celebrou o contrato com cláusula compromissória, restarão fortes indícios da dominação das atividades da empresa que celebrou o contrato com cláusula compromissória pela empresa controladora.

Ora, restando a evidência de que a empresa controladora foi a responsável por convencionar a cláusula arbitral, mesmo que em nome da outra empresa, haverá a presunção de que a empresa controladora teve a devida ciência tanto da existência quanto da finalidade da cláusula arbitral, portanto, será cabível sim a extensão subjetiva da cláusula arbitral, ainda que a empresa controladora não seja parte no contrato que convencionou a cláusula compromissória e o resultado será, portanto, a eventual instauração de processo arbitral em face desta.

Grupos econômicos são conjuntos de empresas que atuam em sincronia com o intuito de lograr maior eficiência em sua atividade, unidas por vínculo de coordenação ou subordinação.

Os grupos econômicos surgiram entre 1939 a 1945, durante o pós-guerra, em virtude das grandes transformações sociais que acarretaram verdadeira revolução no campo empresarial, tendo como principal pilar a globalização da economia.

A globalização tem por consequência a interdependência e internalização dos mercados nacionais, revolução tecnológica e um novo modelo de livre mercado, sendo que, neste ambiente, teve-se a necessidade da união das empresas para atenderem às necessidades do desenvolvimento do processo de produção.

Segundo Bulgarelli, para que o conjunto de empresas seja caracterizado como grupo econômico não se faz necessária a existência de atividades próximas, idênticas ou complementares exercidas pelos entes agrupados.

Sendo assim, por um lado, a atividade econômica globalizada não pode abrir mão da formação de grupos econômicos, e, por outro, os credores não podem ficar sem tutela legal dos seus direitos no caso de abuso da forma empresarial utilizada pelos agentes econômicos.

Portanto, é possível o entendimento de que a configuração de interesse comum em relação a um contrato com cláusula arbitral que tenha sido celebrado entre uma empresa pertencente a um grupo econômico pode reponsabilizar a empresa controladora do referido grupo econômico, havendo a possibilidade de instauração do processo arbitral em face desta.

Diante do exposto, entende-se que é possível a instauração do processo arbitral em face da empresa controladora de um grupo econômico, pois, ainda que haja a limitação das responsabilidades de cada companhia, se ficar demonstrada (i) a confusão entre a personalidade jurídica da empresa do grupo econômico que celebrou o contrato com cláusula compromissória e a empresa-mãe (controladora), como, por exemplo, a evidência de que a empresa-mãe é detentora integral do capital social da outra empresa, (ii) o domínio das atividades rotineiras da empresa que celebrou o contrato com a cláusula compromissória pela empresa controladora, (iii) a participação efetiva da empresa controladora nas negociações objeto do contrato com cláusula compromissória, (iv) a elaboração do contrato e/ou (v) as tentativas de acordo havidas após a instauração do litígio.

Assim, é possível concluir que é cabível a extensão subjetiva da cláusula arbitral, para que, ainda que não seja parte do contrato que a convenciona, seja cabível a instauração de processo arbitral em face da empresa controladora. Havendo ainda o interesse comum e a atuação da empresa controladora em relação ao contrato celebrado com cláusula compromissória, ficará demonstrada a quebra dos limites do grupo econômico no momento em que a controladora atua em nome da empresa que celebrou o contrato com cláusula compromissória.

A ARBITRAGEM NA ÁREA TRABALHISTA

Culturalmente, a arbitragem não tem sido o meio mais utilizado de resolução de conflitos. Na maioria das vezes quando uma pessoa se depara com um problema, logo vem em mente a intenção do ajuizamento de uma ação, para que o Judiciário indique uma solução.

Entretanto, as pessoas não analisam profundamente as consequências de uma ação judicial, ou seja, que a demanda poderá ter um resultado não esperado e, especialmente, não se tem ideia de quanto tempo será necessário para haver uma solução definitiva para aquele conflito.

Não é raro que uma decisão judicial definitiva somente seja alcançada, depois de transcorrido vários anos, quando a prestação jurisdicional (aquela solução inicialmente buscada) não tem mais nenhum efeito prático para as partes envolvidas.

O Código de Processo Civil de 2015 aumentou a importância da arbitragem nos conflitos, abrindo caminho para a sua utilização até nos casos trabalhistas.

Com a lei que alterou a CLT, n. 13467/17, trouxe a arbitragem para algumas situações, dentre elas:

"Art. 507-A. Nos contratos individuais de trabalho cuja remuneração seja superior a duas vezes o limite máximo estabelecido para os benefícios do Regime Geral de Previdência Social, poderá ser pactuada cláusula compromissória de arbitragem, desde que por iniciativa do empregado ou mediante a sua concordância expressa, nos termos previstos na Lei n. 9.307, de 23 de setembro de 1996."

Entretanto, a utilização do juízo arbitral em causas trabalhistas ainda gera uma grande insegurança jurídica, posto que existe a possibilidade dos tribunais invalidarem a decisão por arbitragem, o que se caracteriza como um grande obstáculo para a adoção dessa prática.

Atualmente, a posição de especialistas está dividida quanto à validade das decisões arbitrais em questões trabalhistas.

A possibilidade de uso da arbitragem para a resolução de conflitos trabalhistas tem diversos defensores, entre eles, o ministro do STF – Supremo Tribunal Federal – Gilmar Mendes e o presidente do TST – Tribunal Superior do Trabalho – Ives Gandra Filho.

Esses especialistas defendem a arbitragem, pois entendem que a judicialização não pode ser a única forma de solução de conflitos trabalhistas, até porque o Judiciário não dá conta de tantos processos, sendo que somente no ano de 2016 foram ajuizados 3,4 milhões de processos na Justiça do trabalho.

Por outro lado, existem especialistas que sustentam a impossibilidade de arbitragem nas questões trabalhistas, em razão da hipossuficiência do empregado que deve ser protegido pelo Judiciário, entendendo também que os direitos trabalhistas são indisponíveis e, portanto, irrenunciáveis.

Pesa também contra a adoção da arbitragem nas questões trabalhistas, o interesse da Receita Federal nesse tipo de ação, já que normalmente elas envolvem contribuições previdenciárias e FGTS, que não poderiam ser submetidas à arbitragem.

A jurisprudência sobre o tema é bastante diversa, pois já existem decisões judiciais reconhecendo como válida e eficaz a sentença dada por juiz arbitral, sendo que também existem decisões judiciais não reconhecendo a decisão do juízo arbitral.

Ao nosso ver, a arbitragem na seara trabalhista, é a melhor forma de solução dos conflitos.

O QUE MUDA COM A REFORMA DA LEI DE ARBITRAGEM?

Foi sancionada pela Presidência da República a Lei n. 13.129/2015, que alterou a Lei de Arbitragem (Lei n. 9.307/96). Salvo pelas exclusões relativas à arbitragem em matéria trabalhista e de Direito do Consumidor, vetos que ainda deverão ser apreciados pelo Congresso, a nova Lei apresentou inovações e alterações importantes que vão desde regras processuais, passando pela arbitragem aplicada aos contratos da Administração Pública, até a regulamentação do direito de retirada de acionista dissidente em relação à deliberação societária que inclui a convenção de arbitragem no estatuto social. Entre as alterações aprovadas, alguns pontos merecem destaque.

1) DA UTILIZAÇÃO DA ARBITRAGEM NOS CONTRATOS COM A ADMINITRAÇÃO PÚBLICA

Talvez a mais sugestiva e importante inovação trazida pela nova lei seja a regulamentação da arbitragem aplicada aos contratos com a administração pública, que teve seu regime confirmado com os novos parágrafos 1º e 2º do artigo 1º e o parágrafo 3º do artigo 2º da lei.

Já faz alguns anos, que o legislador veio inserindo em determinados diplomas legislativos a possibilidade de arbitragem em contratos administrativos. Como exemplo, temos a Lei n. 1.079/2004, que previu a possibilidade de instituição da arbitragem nos contratos de parceria público-privada (art. 11, III), a Lei n. 11.196/2005, que acrescentou o art. 23-A à Lei n. 8.987/95, estabelecendo que o contrato de concessão pudesse prever o emprego de mecanismos privados para resolução de disputas decorrentes ou relacionadas ao contrato, inclusive a arbitragem, a Lei n. 9.472/97 (Lei Geral de

Telecomunicações), a Lei n. 9.478/97 (Lei de Petróleo e Gás), a Lei n. 10.233/2001 (Lei de Transportes Aquaviários e Terrestres), a Lei n. 10.438/2002 (Lei do Setor Elétrico), a Lei n. 11.196/2005 (Lei de Incentivos Fiscais à Pesquisa e Desenvolvimento da Inovação Tecnológica) e a Lei n. 11.909/2009 (Lei de Transporte de Gás Natural).

Entretanto, até a promulgação da Lei n. 13.129/2015, as previsões acima citadas eram específicas e encontravam ainda grande resistência por parte de alguns administrativistas mais tradicionais. Referida lei previu, de forma genérica, a possibilidade de a Administração Pública direta e indireta valer-se da arbitragem para todo e qualquer conflito que envolva direitos patrimoniais disponíveis, refletindo a orientação da jurisprudência do STJ sobre o assunto, e sepultando de vez as controvérsias suscitadas no âmbito do Tribunal de Contas da União.

As arbitragens que envolvam a Administração Pública serão sempre de direito e respeitarão o princípio da publicidade. Isso assegura a transparência nas relações da Administração Pública com a coletividade e na gestão do patrimônio público.

No entanto, pode haver situações específicas em que seja conveniente estabelecer a confidencialidade numa arbitragem envolvendo a Administração Pública como, por exemplo, em questões envolvendo a segurança nacional. Neste caso, precisaremos aguardar a aplicação da nova lei para verificar as soluções que serão adotadas.

2) DA ALTERAÇÃO NA LEI DAS SOCIEDADES ANÔNIMAS

A Lei n. 13.129/2015 acrescentou o artigo 136-A à Lei das Sociedades Anônimas (Lei n. 6.404/76), permitindo que a aprovação da inserção de convenção de arbitragem no estatuto social da empresa pela maioria dos acionistas. O dispositivo prevê que a decisão somente terá eficácia após 30 dias da publicação da Ata da Assembleia Geral que aprovou referida inserção, o que permite aos minoritários ingressar com eventuais medidas judiciais questionando a inserção da cláusula arbitral.

É válida, desta forma, a inserção da cláusula arbitral no estatuto social aprovada pela maioria, inclusive em relação àquele que tenha discordado da deliberação, que passa a ter o direito de retirar-se da companhia mediante o reembolso do valor das suas ações.

3) LISTA DE ÁRBITROS

Por disposição expressa do novo parágrafo 4º do artigo 13 da nova Lei de Arbitragem, fica consolidado o princípio da autonomia da vontade na arbitragem e o prestígio ao princípio da independência do árbitro, tendo sido dada a possibilidade de as partes, de comum acordo, afastar a aplicação de dispositivo ou regulamento de órgão arbitral institucional ou entidade especializada que limite a possibilidade de escolha de árbitro único, coárbitro ou presidente do tribunal à respectiva lista de árbitros, autorizado o controle da escolha pelos órgãos competentes da instituição. Dessa forma, as partes poderão indicar árbitro que não conste da lista da instituição arbitral, ficando sepultadas as listas fechadas. No caso de impasse em arbitragem multiparte, as partes deverão observar o que dispuser o regulamento aplicável.

4) INTERRUPÇÃO DA PRESCRIÇÃO

Outro ponto que merece destaque é a inserção do parágrafo 2º no artigo 19 da lei, para estabelecer que a instituição da arbitragem interrompe a prescrição, retroagindo à data do requerimento de instauração da arbitragem, ainda que extinta a arbitragem por ausência de jurisdição dos árbitros, o que legitima e dá segurança jurídica ao procedimento.

5) SENTENÇAS ARBITRAIS PARCIAIS E COMPLEMENTARES

Vale destacar também a inserção do novo parágrafo 1º ao artigo 23 da lei de arbitragem, o qual permite expressamente a prolação de sentenças parciais, prática esta que já vinha sendo adotada pela maioria das câmaras arbitrais, em respeito ao princípio da economia processual. O prazo para requerer a nulidade da sentença parcial arbitral é o mesmo da sentença definitiva, ou seja, 90 dias.

Por outro lado, também foi preocupação do legislador resolver a questão das sentenças arbitrais incompletas. A nova lei dispõe, no parágrafo 4º do artigo 33, que a parte interessada poderá ingressar em juízo para requerer a prolação de sentença arbitral complementar caso o árbitro não tenha decidido todos os pedidos submetidos à arbitragem.

6) TUTELAS CAUTELARES DE URGÊNCIA

Outra questão importante que a Lei n. 13.129/2015 implementou foi a regulamentação, no texto da Lei de Arbitragem, das tutelas cautelares e de urgência, constantes dos novos arts. 22-A e 22-B.

De acordo com o novo conteúdo da Lei n. 9.307/1996, somente antes de instituída a arbitragem poderão as partes recorrer ao Poder Judiciário para a concessão das medidas cautelares ou de urgência, sendo que, uma vez instituída a arbitragem, caberá aos árbitros manter, modificar ou revogar a medida cautelar. Se a arbitragem já estiver instituída, a segurança deverá ser requerida diretamente aos árbitros.

7) CARTA ARBITRAL

E, por fim, prevista, no que será o artigo 22-C da lei de arbitragem, a figura da "carta arbitral". Trata-se de um canal de comunicação entre o tribunal arbitral e o órgão jurisdicional nacional, que é responsável por determinar a prática ou o cumprimento de determinado ato. Tendo em conta a natureza confidencial da maioria dos procedimentos de arbitragem, com exceção, como visto, das arbitragens envolvendo a Administração Pública, o legislador determinou que o procedimento de cumprimento da carta arbitral deverá observar o segredo de justiça, desde que comprovado que a confidencialidade foi estipulada na arbitragem. A carta arbitral também ganhou regulamentação no Novo Código de Processo Civil (Lei n. 13.105/2015).

Quanto aos vetos aos parágrafos 3º e 4º do art. 4º da lei, que tratavam da possibilidade de se convencionar a arbitragem em relações de consumo e de trabalho, desde que tanto o empregado quanto o consumidor solicitassem a instituição do procedimento, ou com ele concordassem expressamente, verifica-se que a proposta apresentada, ao contrário do propagado e das justificativas apresentadas juntamente com os vetos, protegia tanto o consumidor quanto o empregado, na medida em que o procedimento arbitral seria apenas mais uma opção dada a eles. Pela redação do projeto, não haveria arbitragem se o consumidor ou empregado não a solicitasse ou com ela não concordasse. Cabe registrar que, com os vetos presidenciais, permanece a insegurança jurídica, especialmente em relação à possibilidade de se estabelecer o procedimento arbitral nas relações de consumo que sejam estabelecidas por meio de contratos de adesão.

Em que pese as críticas à Lei sancionada, principalmente com relação aos vetos presidenciais, que representaram verdadeiros retrocessos tanto para consumidores como para trabalhadores, que permanecerão à mercê das interpretações judiciais sobre o art 4º da Lei n. 9307/96, em linhas gerais, a reforma foi bem recebida e trouxe avanços principalmente ao permitir que a arbitragem seja aplicada aos contratos da Administração Pública, o que ajudará na atração de investimentos estrangeiros para o país, nos quais a segurança jurídica é sempre imprescindível.

A modernização do regime jurídico da arbitragem, que terá *vacatio legis* de 60 dias, observado o disposto na Súmula 485 do STJ, consolida a jurisprudência das cortes brasileiras e a prática arbitral nacional dos últimos 15 anos, além de garantir mais eficácia e credibilidade ao instituto.

MODELO DE SENTENÇA ARBITRAL

SENTENÇA ARBITRAL

EGRÉGIO TRIBUNAL ARBITRAL PROFESSOR GLEIBE PRETTI

PROCEDIMENTO Nº: 0001200-25.2015.8.26.1111

PARTE REQUERENTE: EMPRESA XYZ

PARTE REQUERIDA: ABCD

1- RESUMO

CLÁUSULA COMPROMISSÓRIA ARBITRAL. COMPROMISSO ARBITRAL. CIRURGIA DE MUDANÇA DE SEXO. RESSARCIMENTO DAS DESPESAS.

1. OS DIREITOS HUMANOS SÃO DIREITOS INERENTES A TODOS OS SERES HUMANOS, INDEPENDENTEMENTE DE RAÇA, SEXO, NACIONALIDADE, ETNIA, IDIOMA, RELIGIÃO OU QUALQUER OUTRA CONDIÇÃO. OS DIREITOS HUMANOS INCLUEM O DIREITO À VIDA, A LIBERDADE, DE OPINIÃO E DE EXPRESSÃO, O DIREITO AO TRABALHO E À EDUCAÇÃO, ENTRE MUITOS OUTROS. TODOS MERECEM ESTES DIREITOS, SEM DISCRIMINAÇÃO.

2. A RESOLUÇÃO Nº 1707 DO MINISTÉRIO DA SAÚDE AUTORIZA HOSPITAIS CONVENIADOS AO SUS DE REALIZAREM CIRURGIAS DE MUDANÇA DE SEXO, MAS SUA FILA PARA A REALIZAÇÃO DA CIRURGIA É GRANDE.

3. POR SER UM ORGÃO PÚBLICO, É PROVÁVEL QUE HAJA GRANDE DEMORA, PARA QUE A EFETIVAÇAO DA CIRURGIA ACONTEÇA, RESULTANDO NA ANGUSTIA E SOFRIMENTO DOS PACIENTES.

2. RELATÓRIO

A empresa XYZ, desde dezembro de 2007, mantém contrato de plano de saúde coletivo com a empresa do ramo denominada "Saúde para Todos". Seu diretor de eventos Sr. Miguel Retroescavadeira com a iniciativa de conscientizar seus mais de 20.000 mil sindicalistas começou a promover campanhas para tratar de assuntos relativos aos direitos dos deficientes, das mulheres, dos transgêneros etc.

Com isso, três sindicalizados, Srs. GIGI MÁQUINA DE COSTURA, LULU MÁQUINA DE LAVAR e ZEZÉ BRITADEIRA, se interessaram pela campanha, e com o intuito de realizar a cirurgia de mudança de sexo, procuraram em lei, e tomaram conhecimento da existência da Resolução n. 1707 do Ministério da Saúde, que autoriza hospitais conveniados ao SUS – Sistema Único de Saúde a procederem cirurgias para mudança de sexo de forma gratuita.

Por se enquadrarem nas condições estabelecidas pela aludida portaria, inscreveram-se, candidatando-se à cirurgia através do SUS., contudo, descobriram que a fila de espera ultrapassava 05 anos.

Por não suportarem mais essa condição social e pessoal pela qual se diziam passar, realizaram uma consulta formal junto ao Plano de Saúde "SAÚDE PARA TODOS", onde questionaram se essa cirurgia estava coberta pelo plano sindical.

Embasado em cláusula expressa do contrato, que afastava a cobertura para cirurgia de mudança de sexo, o plano de saúde, respondendo por escrito a consulta formal feita pelo sindicato, negou-se a cobrir as despesas para os casos dos três sindicalizados.

Os mesmos, agora cientes da viabilidade da cirurgia para mudança de sexo que colocaria fim a anos de angústia e sofrimento, bancaram, ao custo de R$ 100.000,00 para cada um, a cirurgia de mudança de sexo.

Por fim, os três sindicalizados procuraram o SINDOMAQ, exigindo do Plano de Saúde "SAÚDE PARA TODOS" o ressarcimento das despesas com a cirurgia de cada um deles. Invocando a cláusula de arbitragem constante do contrato de plano de saúde coletivo, o SINDOMAQ dá início ao procedimento em face do Plano de Saúde.

3- FUNDAMENTO E DECISÃO

Os direitos e as obrigações estabelecidos entre as partes estão regulados pelo Contrato de Plano de Saúde Coletivo, firmado em 2007.

Com o advento da Lei n. 9.656/98, ofícios com o título de "TERMO DE OPÇÃO" foram encaminhados ao contratante XYZ, para que, após deliberação com seus beneficiários, se manifestasse sobre a adaptação do contrato à nova regulamentação (Lei n. 9.656/98), com maior abrangência de cobertura, contudo, tal proposta foi recusada pelos beneficiários, tornando infrutífera a negociação da migração para um contrato regulamentado.

Diante disso, em obediência ao princípio constitucional de irretroatividade da lei para proteção do ato jurídico perfeito, foram mantidas as mesmas coberturas contratadas, além do que não é lícito à requerida proceder a rescisão unilateral do contrato por este motivo, ou até mesmo proceder a migração contratual sem o consentimento da contratante.

De acordo com as necessidades de cada sindicalizado para com a sua sexualidade, vê-se nas esferas da Bioética e do Biodireito que uma nova construção de identidade reconheça a dignidade humana plena em sua essência, de livre orientação e exercício de sua sexualidade, dos direitos da personalidade, e do reconhecimento de sua autonomia e não de um saber especializado que possa suprir a incapacidade do indivíduo de reconhecer o que, de fato, melhor para si, para que este possa se ver sujeito pleno de direitos constitucionais e civis.

Conforme se verifica da cláusula constante do contrato, a cirurgia não está contemplada pela cobertura, deixando os sindicalizados no prejuízo já que por grande sofrimento e angústia realizaram a cirurgia de forma particular, onde gastaram R$ 100.000,00 de cada um em cada cirurgia.

Deste modo constata-se que pelo dano psicológico que sofreram, desencadearam problemas de saúde aos mesmos, deixando-os fora de um estado de normalidade de funcionamento do organismo humano, trazendo grande falta de uma boa disposição física e mental.

Ademais, a assistência ilimitada à saúde cabe ao Estado (art. 196 e 198 II da C. F.), a obrigação de conceder qualquer medicamento, sem qualquer restrição, pertence ao Estado, por intermédio do Sistema Único de Saúde – SUS e não à requerida, pessoa jurídica de direito privado que é. Os princípios que norteiam os artigos 196 e 198 II da CF se aplicam além do SUS, contemplando também nos planos privados, mais precisamente no art. 1º § 1º nas linhas a, c, e, f da Lei n. 9.656/98 definindo os critérios de avaliação do indivíduo e de acompanhamento multidisciplinar do paciente.

A exclusão, tal qual posta, e, mormente no sistema anterior à Lei n. 9.656/98, é perfeitamente válida, não afrontando o objeto do contrato (que não promete assistência irrestrita à saúde) nem tão pouco se podendo dizer abusiva à luz do Código de Defesa do consumidor, já que compatível com o padrão do plano a que aderiu os autores e com a baixíssima mensalidade por ela suportada. A afirmativa consta na nova Súmula do Superior Tribunal de Justiça. As referências da súmula são as Leis n. 8.078/1990 (Código de Defesa do Consumidor) e n. 9.656/1998, que dispõe sobre planos e seguros privados de assistência à saúde. A Súmula n. 469 foi aprovada pela 2ª Seção do Superior Tribunal de Justiça.

A súmula consolida o entendimento, há tempos pacificado no STJ, de que "a operadora de serviços de assistência à saúde que presta serviços remunerados à população tem sua atividade regida pelo Código de Defesa do Consumidor, pouco importando o nome ou a natureza jurídica que adota". O CDC é aplicado aos planos de saúde mesmo em contratos firmados anteriormente à vigência do Código, mas que são renovados. Ante o exposto, dá-se provimento ao recurso dos réis e não se conhece do recurso adesivo dos sindicalizados.

Por conseguinte, o *pacta sunt servanda*, princípio dos mais importantes da teoria geral dos contratos, ainda é regra no direito brasileiro devido à segurança jurídica, pois representa que os pactos devem ser respeitados presente em seus preceitos, já que a falta da característica de obrigatoriedade no cumprimento dos contratos perfeitamente firmados entre as partes, como é o caso do contrato ora discutido, resultaria numa verdadeira desordem no ordenamento jurídico brasileiro, pois sua observância ficaria à mercê da boa vontade das partes, o que é absolutamente inadmissível.

Diante de tudo aquilo que foi exposto julgo, totalmente improcedente o pedido do autor.

São Paulo, 31 de agosto de 2017.

Gleibe Pretti

Árbitro

RG 123456789=0

Cláusula compromissória

O modelo de cláusula compromissória recomendado pela CÂMARA..... tem a seguinte redação:

As partes convencionam entre si, livremente e amparadas na Lei n. 9.307/96, que qualquer questão oriunda desse contrato, ou a ele referente, será resolvida através da mediação ou da arbitragem , a serem administradas pela Câmara ....,

Inscrita no CNPJ sob o n...., na forma do regulamento Arbitral desta e sob as regras da mesma Lei Federal n. 9.307/96.

Procedimento da Câmara

Nota: A CÂMARA chama a atenção das partes para que levem em consideração a conveniência de complementar a cláusula compromissória com as seguintes informações:

a. O número de árbitros será de _____(um ou três);

b. O lugar da arbitragem será _____(cidade e país);

c. O(s) idioma(s) da arbitragem será(ão) _____;

d. A regra de direito aplicável ao litígio será a legislação competente, (caso as partes não pretendam conferir ao(s) árbitro(s) poderes para julgar por equidade).

ARTIGO 1º

DO ÂMBITO DE APLICAÇÃO

1. As partes, por meio de convenção de arbitragem, ao contratarem submeter qualquer pendência para ser resolvida por arbitragem perante a CÂMARA DE MEDIAÇÃO E ARBITRAGEM DA ....., doravante denominada de CÂMARA, concordam e ficam vinculadas ao presente Regulamento e as normas de funcionamento da CÂMARA.

2. Qualquer alteração ao presente Regulamento que tenha sido acordada pelas partes só terá aplicação ao caso específico.

3. A CÂMARA não decide as controvérsias que lhe são encaminhadas; apenas administra e vela pelo correto desenvolvimento do procedimento arbitral, indicando e nomeando árbitro(s), quando não disposto de outra forma pelas partes.

4. A CÂMARA poderá prover os serviços de administração de arbitragens nas suas próprias instalações ou utilizar instalações de instituições com as quais tenha convênios ou acordos de cooperação, se a tanto julgar conveniente.

ARTIGO 2º

DAS PROVIDÊNCIAS PRELIMINARES

1. Aquele que desejar dirimir litígio relativo a direitos patrimoniais disponíveis, decorrentes de contrato – ou documento apartado – que contenha a cláusula compromissória prevendo a competência da CÂMARA, deve comunicar, por escrito, sua intenção à CÂMARA, em número suficiente de cópias de modo a permitir que uma via e seus anexos fiquem arquivados na CÂMARA e as demais sejam encaminhadas ao(s) demandado(s).

2. A notificação de arbitragem deverá conter, pelo menos, o nome, endereço e qualificação das partes; a matéria que será objeto da arbitragem com seu montante real ou estimado; referência ao contrato do qual deriva o litígio; referência à convenção de arbitragem e uma proposta sobre o número de árbitros, quando não previsto anteriormente.

3. Neste momento, ou previamente ao protocolo da notificação de arbitragem, a CÂMARA poderá indagar se há interesse por parte do demandante de se consultar o(s) demanda-do(s) sobre a possibilidade de se utilizar a mediação como alternativa à solução do litígio.

4. A CÂMARA enviará ao(s) demandado(s) cópia da notificação de arbitragem, com seus anexos, bem como um exemplar deste Regulamento, convidando-o(s) para, no prazo de 15 (quinze) dias, indicar árbitro, e, querendo, manifestar-se sobre a intenção da demandante.

5. A CÂMARA , na mesma oportunidade, solicitará ao demandante para, em idêntico prazo, indicar árbitro, caso não o tenha feito na notificação de arbitragem.

6. A CÂMARA comunicará as partes a respeito da indicação dos árbitros da parte contrária, anexando as respectivas declarações de independência a que alude o art. 4.5 do presente Regulamento.

7. O presidente do Tribunal Arbitral será escolhido de comum acordo pelos árbitros indica-dos pelas partes.

8. Se qualquer das partes deixar de indicar seu árbitro no prazo estipulado no artigo 2.4, o Presidente da CÂMARA fará a nomeação. Caberá igualmente ao Presidente da CÂMARA indicar o árbitro que atuará como Presidente do Tribunal Arbitral, na falta de tal indicação, pelos árbitros indicados ou pelas partes.

9. O Tribunal Arbitral será composto por 3 (três) árbitros, podendo as partes acordar que o litígio seja dirimido por árbitro único, indicado, por elas, de comum acordo. Inexistindo consenso quanto à indicação do árbitro único, este será designado pelo Presidente da CÂMARA.

10. Havendo pluralidade de demandantes ou demandados (arbitragem de partes múltiplas), cada lado indicará, de comum acordo, um árbitro, observando-se o previsto nos itens antecedentes.

11. A Notificação de Arbitragem, a manifestação do(s) demandado(s), a definição do número e a composição do Tribunal Arbitral compreendem a fase preliminar à instituição da arbitragem. As alegações de fato e de direito das partes serão apresentadas oportunamente ao próprio Tribunal Arbitral.

12. Terminada a fase preliminar, as partes serão convocadas pela CÂMARA para elaborar o TERMO DE ARBITRAGEM a que alude o artigo 3º deste Regulamento.

13. Verificada a hipótese de alguma das partes, na fase preliminar, suscitar dúvidas quanto à existência, validade ou escopo da convenção de arbitragem, a CÂMARA poderá determinar que o procedimento arbitral tenha prosseguimento se entender que *prima facie*, existe um acordo de arbitragem. Em tal hipótese, a decisão acerca da jurisdição do Tribunal Arbitral será tomada pelo próprio Tribunal Arbitral.

ARTIGO 3º

DO TERMO DE ARBITRAGEM

1. As partes e árbitro(s) elaborarão o Termo de Arbitragem, podendo contar com a assistência da CÂMARA.

2. O Termo de Arbitragem conterá:

I – o nome, qualificação e endereço das partes, bem como dos seus respectivos procuradores, se houver;

II – o nome e qualificação dos árbitros indicados, e, se for o caso, dos seus respectivos substitutos;

III – o nome e qualificação do árbitro que atuará como Presidente do Tribunal Arbitral;

IV – a matéria objeto da arbitragem;

V – o valor real ou estimado do litígio;

VI – a responsabilidade pelo pagamento das custas da arbitragem;

VII – a autorização para que o(s) árbitro(s) julgue(m) por equidade, se assim for convencionado pelas partes;

VIII – o lugar no qual será proferida a sentença arbitral.

3. As partes firmarão o Termo de Arbitragem juntamente com os árbitros indicados e por duas testemunhas. A ausência de assinatura de qualquer das partes não impedirá o regular processamento da arbitragem; tampouco que a sentença arbitral seja proferida.

4. Em qualquer hipótese, a CÂMARA dará ciência às partes de todos os atos do processo arbitral.

ARTIGO 4º

DOS ÁRBITROS

1. Os litígios poderão ser resolvidos por 1 (um) ou por 3 (três) árbitros. A expressão "Tribunal Arbitral" empregada neste Regulamento inclui um ou 3 (três) árbitros, conforme seja o caso.

2. Poderão ser indicados para a função de árbitro tanto os membros do Quadro de Árbitros da CÂMARA quanto outros que dela não façam parte.

3. As pessoas, ao aceitarem ser árbitros nas arbitragens administradas pela CÂMARA, ficam obrigadas a obedecer este Regulamento, as normas de funcionamento da CÂMARA e respectivo Código de Ética do Árbitro.

4. A pessoa indicada como árbitro deverá ser imparcial e independente, assim permanecendo durante todo o processo arbitral.

5. Antes de aceitar a função, a pessoa indicada a atuar como árbitro deverá revelar todas as circunstâncias que possam gerar dúvidas justificadas acerca de sua imparcialidade ou independência, firmando DECLARAÇÃO DE INDEPENDÊNCIA junto à CÂMARA que enviará cópia às partes.

6. Não poderá ser nomeado árbitro aquele que:

a) for parte no litígio;

b) tenha intervido no litígio como mandatário de qualquer das partes, testemunha ou perito;

c) for cônjuge ou parente até o terceiro grau de qualquer das partes ou de seus procuradores;

d) participar, ou tenha participado, de órgão de direção ou administração de pessoa jurídica que seja parte no litígio ou participe de seu capital;

e) for amigo íntimo ou inimigo de qualquer das partes ou de seus procuradores;

f) for, de qualquer outra forma, interessado, direta ou indiretamente, no julgamento da causa em favor de qualquer das partes ou ter-se manifestado anteriormente, opinando sobre o litígio ou aconselhando alguma das partes;

g) ter atuado como mediador, antes da instituição da arbitragem, salvo convenção em contrário das partes.

7. Ocorrendo qualquer das hipóteses referidas no item anterior, compete ao árbitro recusar a indicação ou apresentar renúncia, mesmo quando tenha sido indicado por ambas as partes, ficando pessoalmente responsável pelos danos que vier a causar pela inobservância desse dever.

8. Desejando recusar um árbitro, a parte deverá enviar à CÂMARA as suas razões por escrito, dentro de 5 (cinco) dias contados da ciência da nomeação ou no prazo de 5 (cinco) dias da data em que tomou conhecimento das circunstâncias que deram lugar à recusa.

9. Ao recebimento de tal recusa, a CÂMARA deverá dar ciência à outra parte. Quando um árbitro for recusado por uma parte, a outra poderá aceitar a recusa, devendo o árbitro, nesta hipótese, afastar-se. Mesmo inexistindo tal consenso, o árbitro recusado poderá afastar-se. Em nenhum dos casos, seu afastamento implica aceitação da validade das razões da recusa.

10. Se a outra parte manifestar objeção à recusa ou o árbitro recusado não se afastar, a CÂMARA tomará decisão definitiva sobre a questão, sendo desnecessária qualquer justificativa. Havendo necessidade da parte efetuar nova indicação, será instada a fazê-lo no prazo de 5 (cinco) dias. Não ocorrendo tal indicação, o Presidente da CÂMARA fará tal nomeação.

11. Se no curso do procedimento arbitral, sobrevier alguma das causas de impedimento ou suspeição, ou ocorrer morte ou incapacidade de qualquer árbitro, será ele substituído pelo árbitro substituto designado no Termo de Arbitragem.

12. Não havendo menção prévia sobre a existência de substituto, ou, na hipótese deste não puder assumir por qualquer motivo e a qualquer tempo, caberá ao Presidente da CÂMARA fazer a indicação.

ARTIGO 5º

DAS PARTES E DE SEUS PROCURADORES

1. As partes podem se fazer assistir ou representar por procurador constituído por instrumento procuratório.

2. Excetuada a manifestação expressa contrária da(s) parte(s), todas as comunicações poderão ser efetuadas ao procurador por ela(s) nomeado que revelará à CÂMARA o seu endereço para tal finalidade.

3. Na hipótese de alteração do endereço para onde devam ser enviadas as comunicações, sem que a CÂMARA seja prévia e expressamente comunicada, valerá para os fins previstos neste regulamento, todas as comunicações encaminhadas para o endereço anteriormente informado.

4. Os advogados constituídos gozarão de todas as faculdades e prerrogativas a eles assegurados pela legislação e Estatuto da Advocacia e Ordem dos Advogados, cumprindo-lhes exercer o mandato com estrita observância das referidas normas e com elevada conduta ética.

ARTIGO 6º

DAS COMUNICAÇÕES, PRAZOS E ENTREGA DE DOCUMENTOS

1. Salvo disposição contrária das partes, todas as notificações, declarações e comunicações escritas poderão ser enviadas por meio de fac-simile, telex, carta registrada, correio aéreo ou correio eletrônico endereçadas à parte ou ao seu procurador.

2. A comunicação determinará o prazo para cumprimento da providência solicitada, contando-se este por dias corridos, não se interrompendo ou se suspendendo pela ocorrência de feriado ou de dia em que não haja expediente útil.

3. Os prazos fixados neste regulamento começarão a fluir no primeiro dia seguinte ao da juntada aos autos do comprovante de recebimento da comunicação e incluirão o dia do vencimento. Prorrogar-se-á o prazo até o primeiro dia útil seguinte se o vencimento tiver lugar em dia feriado ou em data em que não haja expediente útil no local da sede da arbitragem ou no da CÂMARA ou no de qualquer uma das partes.

4. Os prazos previstos neste regulamento poderão ser estendidos por período não superior aquele nele consignado, se estritamente necessário, a critério do Presidente do Tribunal Arbitral, ou, do Presidente da CÂMARA, no que pertine aos atos de sua competência.

5. Todo e qualquer documento endereçado ao Tribunal Arbitral será protocolizado na secretaria da CÂMARA em número de vias equivalente ao número de árbitros, de partes e mais um exemplar para formar o processo arbitral perante a CÂMARA .

ARTIGO 7º

DO LUGAR DA ARBITRAGEM

1. Na falta de acordo entre as partes sobre o lugar da arbitragem, este será determinado pelo Tribunal Arbitral, tendo em conta as circunstâncias do caso e a conveniência das partes.

2. Para o oportuno processamento da arbitragem, o Tribunal Arbitral poderá, salvo convenção das partes em contrário, reunir-se em qualquer local que julgue apropriado para consultas entre os seus membros, para oitiva de testemunhas, de peritos ou das partes, bem como para exame de quaisquer bens ou documentos.

ARTIGO 8º

DO IDIOMA

1. As partes podem escolher livremente o idioma a ser utilizado no procedimento arbitral. Na falta de acordo, o Tribunal Arbitral o determinará, considerando as circunstâncias relevantes da relação jurídica em litígio, em especial o idioma em que foi redigido o contrato.

2. O Tribunal Arbitral poderá determinar que qualquer documento seja vertido para o português ou para o idioma da arbitragem.

ARTIGO 9º

DO PROCEDIMENTO ARBITRAL

1. O Tribunal Arbitral promoverá inicialmente tentativa de conciliação entre as partes. Frustrada a conciliação, o Tribunal Arbitral assinará prazo de 10 (dez) dias para que estas apresentem suas alegações de fato e de direito, anexando documentos e requerendo provas.

2. A CÂMARA , nos 5 (cinco) dias subsequentes ao recebimento das alegações das partes, remeterá as respectivas cópias para os árbitros e as partes, sendo que estas, no prazo de 10 (dez) dias, apresentarão as respectivas réplicas.

3. Decorrido o prazo para a apresentação das réplicas, o Tribunal Arbitral apreciará as eventuais questões preliminares e avaliará o estado do processo, designando, se for o caso, audiência de instrução ou a produção de prova específica.

4. As partes podem apresentar todas as provas que julgarem úteis à instrução do processo e ao esclarecimento dos árbitros. As partes devem, ainda, apresentar todas as provas disponíveis que qualquer membro do Tribunal Arbitral julgue necessárias para a compreensão e solução do litígio.

5. O Tribunal Arbitral conduzirá a arbitragem do modo que lhe aprouver, sempre respeitados os princípios do contraditório, da ampla defesa, da igualdade das partes, da sua imparcialidade e de seu livre convencimento.

6. Caso entenda necessária a realização de audiência de instrução, o presidente do Tribunal Arbitral convocará as partes e demais árbitros, com antecedência mínima de 10 (dez) dias, acerca da respectiva data, local e hora.

7. A audiência marcada terá lugar ainda que qualquer das partes, regularmente notificada, a ela não compareça, não podendo a sentença, entretanto, fundar-se na ausência da parte para decidir.

8. O presidente do Tribunal Arbitral, se as circunstâncias o justificarem, poderá determinar a suspensão ou o adiamento da audiência. A suspensão ou o adiamento será obrigatório se requerida por todas as partes, devendo, desde logo, ser designada data para sua realização ou prosseguimento.

9. O Tribunal Arbitral poderá determinar medidas coercitivas ou cautelares, e, quando necessário requererá auxílio a autoridade judicial competente para a execução da referida medida. Se ainda não instalado o Tribunal Arbitral, as partes poderão requerer tais medidas à autoridade judicial competente, devendo, neste caso, dar ciência imediata à CÂMARA .

10. Encerrada a instrução, o Tribunal Arbitral concederá prazo não superior a 15 (quinze) dias para que as partes ofereçam suas alegações finais, podendo ser substituídas por razões orais em audiência, se for de conveniência das partes.

ARTIGO 10

DA SENTENÇA ARBITRAL

1. Salvo se as partes convencionarem de modo diverso, o Tribunal Arbitral proferirá a sentença em até 30 (trinta) dias, contados do término do prazo para as alegações finais das partes, podendo tal prazo ser prorrogado, por igual período, pelo presidente do Tribunal Arbitral.

2. A sentença arbitral será proferida por maioria de votos, cabendo a cada árbitro, inclusive ao Presidente, voto singular. Se não houver acordo majoritário, prevalecera o voto do presidente do Tribunal Arbitral.

3. A sentença arbitral será reduzida a termo pelo presidente do Tribunal Arbitral e assinada por todos os árbitros; porém, a assinatura da maioria confere-lhe validade e eficácia. Caberá ao presidente do Tribunal Arbitral certificar a ausência ou divergência quanto a assinatura da sentença arbitral pelos árbitros.

4. A sentença arbitral conterá:

I – o relatório, com o nome das partes e um resumo do litígio;

II – os fundamentos da decisão, onde serão analisadas as questões de fato e de direito, mencionando-se, expressamente, se os árbitros julgaram por equidade;

III – o dispositivo, em que os árbitros resolverão as questões que lhes forem submetidas e estabelecerão o prazo para cumprimento da decisão, se for o caso;

IV – a data e o lugar em que foi proferida.

5. A sentença arbitral conterá ainda a fixação das custas da arbitragem cujos valores serão extraídos da Tabela de Custas e Honorários da CÂMARA, bem como, a responsabilidade de cada parte pelo pagamento destas verbas, respeitado o contido no TERMO DE ARBITRAGEM.

6. A CÂMARA, tão logo receba a sentença arbitral, entregará pessoalmente às partes uma via, podendo encaminhá-las por via postal ou outro meio de comunicação, mediante comprovação de recebimento.

7. As partes, ao eleger as regras da CÂMARA , ficam obrigadas a acatar e cumprir este Regulamento e a Tabela de Custas e Honorários, reconhecendo que a sentença arbitral será cumprida espontaneamente e sem atrasos, não se admitindo qualquer recurso, ressalvadas as defesas expressamente previstas na Lei n. 9307 de 23 de Setembro de 1996.

ARTIGO 11

DAS CUSTAS DA ARBITRAGEM

1. Constituem custas da arbitragem:

I – a taxa de registro;

II – a taxa de administração da CÂMARA;

III – os honorários do Tribunal Arbitral;

IV – os gastos de viagem e outras despesas realizadas pelo Tribunal Arbitral;

V – os honorários periciais, bem como qualquer outra despesa decorrente de assistência requerida pelo Tribunal Arbitral.

2. Ao protocolizar a Notificação de Arbitragem, a demandante deverá efetuar o pagamento da Taxa de Registro, extraída da Tabela de Custas e Honorários da CÂMARA , para fazer frente às despesas iniciais do processo arbitral, valor este que não estará sujeito a reembolso.

3. A taxa de administração será cobrada pela CÂMARA com base em percentual sobre o interesse econômico do litígio e se destinará a cobrir os gastos de funcionamento da CÂMARA .

4. Instituída a arbitragem, o Tribunal Arbitral poderá determinar às partes que, em igual proporção, depositem 50% (cinquenta por cento) do valor correspondente à taxa de administração e aos honorários do(s) árbitro(s), segundo o contido na Tabela de Custas e Honorários da CÂMARA.

5. No caso de não pagamento por qualquer das partes da taxa de administração e/ou dos honorários do(s) árbitro(s), no tempo e nos valores fixados, caberá a outra parte adiantar o respectivo valor de modo a permitir a realização da arbitragem, procedendo-se ao acerto das contas ao final do processo arbitral.

6. Todas as despesas que incidirem ou forem incorridas durante a arbitragem serão suportadas pela parte que requereu a providência, ou pelas partes, igualmente, decorrentes de providências requeridas pelo Tribunal Arbitral.

7. A responsabilidade pelo pagamento da taxa de administração, dos honorários do(s) árbitro(s) e das demais despesas incorridas e comprovadas no processo arbitral, seguirá o contido no Termo de Arbitragem. Sendo silente, a parte vencida ficará responsável pelo pagamento das referidas verbas.

8. Não será cobrado das partes qualquer valor adicional no caso do Tribunal Arbitral ser solicitado a corrigir erro material da sentença arbitral, a esclarecer alguma obscuridade, dúvida ou contradição na mesma ou ainda, a se pronunciar sobre ponto omitido a respeito do qual devia manifestar-se a decisão.

9. A Tabela de Custas e Honorários elaborada pela CÂMARA poderá ser por ela periodicamente revista, respeitado quanto às arbitragens já iniciadas o previsto na tabela então vigente.

Arbitragem no Contrato de Trabalho – **63**

ARTIGO 12

DAS DISPOSIÇÕES FINAIS

1. Salvo estipulação em contrário das partes, aplicar-se-á a versão do Regulamento vigente na data da protocolização, na CÂMARA, da Notificação de Arbitragem.

2. O processo arbitral é sigiloso sendo vedado às partes, aos árbitros, aos membros da CÂMARA e às pessoas que tenham participado no referido processo, divulgar informações a ele relacionadas.

3. Quando houver interesse das partes, comprovado através de expressa e conjunta autorização, poderá a CÂMARA divulgar a sentença arbitral.

4. Desde que preservada a identidade das partes, poderá a CÂMARA publicar, em ementário, excertos da sentença arbitral.

5. A CÂMARA poderá fornecer a qualquer das partes, mediante solicitação escrita, e, recolhidas as custas devidas, cópias certificadas de documentos relativos ao processo arbitral.

6. Caberá aos árbitros interpretar e aplicar o presente Regulamento aos casos específicos, inclusive lacunas existentes, em tudo o que concerne aos seus poderes e obrigações.

7. Nas arbitragens internacionais, competirá às partes a escolha da lei aplicável ao mérito do litígio. Não havendo previsão ou consenso a respeito, competirá ao Tribunal Arbitral indicar as regras que julgue apropriadas, levando-se em consideração as estipulações do contrato, os usos, costumes e regras internacionais do comércio.

Lei n. 9.307, de 23 de setembro de 1996 (*VIDE* lei n. 13.129, de 2015)
(vigência)

Dispõe sobre a arbitragem.

O PRESIDENTE DA REPÚBLICA Faço saber que o Congresso Nacional decreta e eu sanciono a seguinte Lei:

Capítulo I

Disposições Gerais

Art. 1º As pessoas capazes de contratar poderão valer-se da arbitragem para dirimir litígios relativos a direitos patrimoniais disponíveis.

§ 1º A administração pública direta e indireta poderá utilizar-se da arbitragem para dirimir conflitos relativos a direitos patrimoniais disponíveis. (Incluído pela Lei n. 13.129, de 2015) (Vigência)

§ 2º A autoridade ou o órgão competente da administração pública direta para a celebração de convenção de arbitragem é a mesma para a realização de acordos ou transações. (Incluído pela Lei n. 13.129, de 2015) (Vigência)

Art. 2º A arbitragem poderá ser de direito ou de equidade, a critério das partes.

§ 1º Poderão as partes escolher, livremente, as regras de direito que serão aplicadas na arbitragem, desde que não haja violação aos bons costumes e à ordem pública.

§ 2º Poderão, também, as partes convencionar que a arbitragem se realize com base nos princípios gerais de direito, nos usos e costumes e nas regras internacionais de comércio.

§ 3º A arbitragem que envolva a administração pública será sempre de direito e respeitará o princípio da publicidade. (Incluído pela Lei n. 13.129, de 2015) (Vigência)

Capítulo II

Da Convenção de Arbitragem e seus Efeitos

Art. 3º As partes interessadas podem submeter a solução de seus litígios ao juízo arbitral mediante convenção de arbitragem, assim entendida a cláusula compromissória e o compromisso arbitral.

Art. 4º A cláusula compromissória é a convenção através da qual as partes em um contrato comprometem-se a submeter à arbitragem os litígios que possam vir a surgir, relativamente a tal contrato.

§ 1º A cláusula compromissória deve ser estipulada por escrito, podendo estar inserta no próprio contrato ou em documento apartado que a ele se refira.

§ 2º Nos contratos de adesão, a cláusula compromissória só terá eficácia se o aderente tomar a iniciativa de instituir a arbitragem ou concordar, expressamente, com a sua instituição, desde que por escrito em documento anexo ou em negrito, com a assinatura ou visto especialmente para essa cláusula.

§ 3º (VETADO). (Incluído pela Lei n. 13.129, de 2015) (Vigência)

§ 4º (VETADO). (Incluído pela Lei n. 13.129, de 2015) (Vigência)

Art. 5º Reportando-se as partes, na cláusula compromissória, às regras de algum órgão arbitral institucional ou entidade especializada, a arbitragem será instituída e processada de acordo com tais regras, podendo, igualmente, as partes estabelecer na própria cláusula, ou em outro documento, a forma convencionada para a instituição da arbitragem.

Art. 6º Não havendo acordo prévio sobre a forma de instituir a arbitragem, a parte interessada manifestará à outra parte sua intenção de dar início à arbitragem, por via postal ou por outro meio qualquer de comunicação, mediante comprovação de recebimento, convocando-a para, em dia, hora e local certos, firmar o compromisso arbitral.

Parágrafo único. Não comparecendo a parte convocada ou, comparecendo, recusar-se a firmar o compromisso arbitral, poderá a outra parte propor a demanda de que trata o art. 7º desta Lei, perante o órgão do Poder Judiciário a que, originariamente, tocaria o julgamento da causa.

Art. 7º Existindo cláusula compromissória e havendo resistência quanto à instituição da arbitragem, poderá a parte interessada requerer a citação da outra parte para comparecer em juízo a fim de lavrar-se o compromisso, designando o juiz audiência especial para tal fim.

§ 1º O autor indicará, com precisão, o objeto da arbitragem, instruindo o pedido com o documento que contiver a cláusula compromissória.

§ 2º Comparecendo as partes à audiência, o juiz tentará, previamente, a conciliação acerca do litígio. Não obtido sucesso, tentará o juiz conduzir as partes à celebração, de comum acordo, do compromisso arbitral.

§ 3º Não concordando as partes sobre os termos do compromisso, decidirá o juiz, após ouvir o réu, sobre seu conteúdo, na própria audiência ou no prazo de dez dias, respeitadas as disposições da cláusula compromissória e atendendo ao disposto nos arts. 10 e 21, § 2º, desta Lei.

§ 4º Se a cláusula compromissória nada dispuser sobre a nomeação de árbitros, caberá ao juiz, ouvidas as partes, estatuir a respeito, podendo nomear árbitro único para a solução do litígio.

§ 5º A ausência do autor, sem justo motivo, à audiência designada para a lavratura do compromisso arbitral, importará a extinção do processo sem julgamento de mérito.

§ 6º Não comparecendo o réu à audiência, caberá ao juiz, ouvido o autor, estatuir a respeito do conteúdo do compromisso, nomeando árbitro único.

§ 7º A sentença que julgar procedente o pedido valerá como compromisso arbitral.

Art. 8º A cláusula compromissória é autônoma em relação ao contrato em que estiver inserta, de tal sorte que a nulidade deste não implica, necessariamente, a nulidade da cláusula compromissória.

Parágrafo único. Caberá ao árbitro decidir de ofício, ou por provocação das partes, as questões acerca da existência, validade e eficácia da convenção de arbitragem e do contrato que contenha a cláusula compromissória.

Art. 9º O compromisso arbitral é a convenção através da qual as partes submetem um litígio à arbitragem de uma ou mais pessoas, podendo ser judicial ou extrajudicial.

§ 1º O compromisso arbitral judicial celebrar-se-á por termo nos autos, perante o juízo ou tribunal, onde tem curso a demanda.

§ 2º O compromisso arbitral extrajudicial será celebrado por escrito particular, assinado por duas testemunhas, ou por instrumento público.

Art. 10. Constará, obrigatoriamente, do compromisso arbitral:

I – o nome, profissão, estado civil e domicílio das partes;

II – o nome, profissão e domicílio do árbitro, ou dos árbitros, ou, se for o caso, a identificação da entidade à qual as partes delegaram a indicação de árbitros;

III – a matéria que será objeto da arbitragem; e

IV – o lugar em que será proferida a sentença arbitral.

Art. 11. Poderá, ainda, o compromisso arbitral conter:

I – local, ou locais, onde se desenvolverá a arbitragem;

II – a autorização para que o árbitro ou os árbitros julguem por equidade, se assim for convencionado pelas partes;

III – o prazo para apresentação da sentença arbitral;

IV – a indicação da lei nacional ou das regras corporativas aplicáveis à arbitragem, quando assim convencionarem as partes;

V – a declaração da responsabilidade pelo pagamento dos honorários e das despesas com a arbitragem; e

VI – a fixação dos honorários do árbitro, ou dos árbitros.

Parágrafo único. Fixando as partes os honorários do árbitro, ou dos árbitros, no compromisso arbitral, este constituirá título executivo extrajudicial; não havendo tal estipulação, o árbitro requererá ao órgão do Poder Judiciário que seria competente para julgar, originariamente, a causa que os fixe por sentença.

Art. 12. Extingue-se o compromisso arbitral:

I – escusando-se qualquer dos árbitros, antes de aceitar a nomeação, desde que as partes tenham declarado, expressamente, não aceitar substituto;

II – falecendo ou ficando impossibilitado de dar seu voto algum dos árbitros, desde que as partes declarem, expressamente, não aceitar substituto; e

III – tendo expirado o prazo a que se refere o art. 11, inciso III, desde que a parte interessada tenha notificado o árbitro, ou o presidente do tribunal arbitral, concedendo-lhe o prazo de dez dias para a prolação e apresentação da sentença arbitral.

Capítulo III

Dos Árbitros

Art. 13. Pode ser árbitro qualquer pessoa capaz e que tenha a confiança das partes.

§ 1º As partes nomearão um ou mais árbitros, sempre em número ímpar, podendo nomear, também, os respectivos suplentes.

§ 2º Quando as partes nomearem árbitros em número par, estes estão autorizados, desde logo, a nomear mais um árbitro. Não havendo acordo, requererão as partes ao órgão do Poder Judiciário a que tocaria, originariamente, o julgamento da causa a nomeação do árbitro, aplicável, no que couber, o procedimento previsto no art. 7º desta Lei.

§ 3º As partes poderão, de comum acordo, estabelecer o processo de escolha dos árbitros, ou adotar as regras de um órgão arbitral institucional ou entidade especializada.

§ 4º Sendo nomeados vários árbitros, estes, por maioria, elegerão o presidente do tribunal arbitral. Não havendo consenso, será designado presidente o mais idoso.

§ 4º As partes, de comum acordo, poderão afastar a aplicação de dispositivo do regulamento do órgão arbitral institucional ou entidade especializada que limite a escolha do árbitro único, coárbitro ou presidente do tribunal à respectiva lista de árbitros, autorizado o controle da escolha pelos órgãos competentes da instituição, sendo que, nos casos de impasse e arbitragem multiparte, deverá ser observado o que dispuser o regulamento aplicável. (Redação dada pela Lei n. 13.129, de 2015) (Vigência)

§ 5º O árbitro ou o presidente do tribunal designará, se julgar conveniente, um secretário, que poderá ser um dos árbitros.

§ 6º No desempenho de sua função, o árbitro deverá proceder com imparcialidade, independência, competência, diligência e discrição.

§ 7º Poderá o árbitro ou o tribunal arbitral determinar às partes o adiantamento de verbas para despesas e diligências que julgar necessárias.

Art. 14. Estão impedidos de funcionar como árbitros as pessoas que tenham, com as partes ou com o litígio que lhes for submetido, algumas das relações que caracterizam os casos de impedimento ou suspeição de juízes, aplicando-se-lhes, no que couber, os mesmos deveres e responsabilidades, conforme previsto no Código de Processo Civil.

§ 1º As pessoas indicadas para funcionar como árbitro têm o dever de revelar, antes da aceitação da função, qualquer fato que denote dúvida justificada quanto à sua imparcialidade e independência.

§ 2º O árbitro somente poderá ser recusado por motivo ocorrido após sua nomeação. Poderá, entretanto, ser recusado por motivo anterior à sua nomeação, quando:

a) não for nomeado, diretamente, pela parte; ou

b) o motivo para a recusa do árbitro for conhecido posteriormente à sua nomeação.

Art. 15. A parte interessada em arguir a recusa do árbitro apresentará, nos termos do art. 20, a respectiva exceção, diretamente ao árbitro ou ao presidente do tribunal arbitral, deduzindo suas razões e apresentando as provas pertinentes.

Parágrafo único. Acolhida a exceção, será afastado o árbitro suspeito ou impedido, que será substituído, na forma do art. 16 desta Lei.

Art. 16. Se o árbitro escusar-se antes da aceitação da nomeação, ou, após a aceitação, vier a falecer, tornar-se impossibilitado para o exercício da função, ou for recusado, assumirá seu lugar o substituto indicado no compromisso, se houver.

§ 1º Não havendo substituto indicado para o árbitro, aplicar-se-ão as regras do órgão arbitral institucional ou entidade especializada, se as partes as tiverem invocado na convenção de arbitragem.

§ 2º Nada dispondo a convenção de arbitragem e não chegando as partes a um acordo sobre a nomeação do árbitro a ser substituído, procederá a parte interessada da forma prevista no art. 7º desta Lei, a menos que as partes tenham declarado, expressamente, na convenção de arbitragem, não aceitar substituto.

Art. 17. Os árbitros, quando no exercício de suas funções ou em razão delas, ficam equiparados aos funcionários públicos, para os efeitos da legislação penal.

Art. 18. O árbitro é juiz de fato e de direito, e a sentença que proferir não fica sujeita a recurso ou a homologação pelo Poder Judiciário.

Capítulo IV

Do Procedimento Arbitral

Art. 19. Considera-se instituída a arbitragem quando aceita a nomeação pelo árbitro, se for único, ou por todos, se forem vários.

Parágrafo único. Instituída a arbitragem e entendendo o árbitro ou o tribunal arbitral que há necessidade de explicitar alguma questão disposta na convenção de arbitragem, será elaborado, juntamente com as partes, um adendo, firmado por todos, que passará a fazer parte integrante da convenção de arbitragem.

§ 1º Instituída a arbitragem e entendendo o árbitro ou o tribunal arbitral que há necessidade de explicitar questão disposta na convenção de arbitragem, será elaborado, juntamente com as partes, adendo firmado por todos, que passará a fazer parte integrante da convenção de arbitragem. (Incluído pela Lei n. 13.129, de 2015) (Vigência)

§ 2º A instituição da arbitragem interrompe a prescrição, retroagindo à data do requerimento de sua instauração, ainda que extinta a arbitragem por ausência de jurisdição. (Incluído pela Lei n. 13.129, de 2015) (Vigência)

Art. 20. A parte que pretender arguir questões relativas à competência, suspeição ou impedimento do árbitro ou dos árbitros, bem como nulidade, invalidade ou ineficácia da convenção de arbitragem, deverá fazê-lo na primeira oportunidade que tiver de se manifestar, após a instituição da arbitragem.

§ 1º Acolhida a arguição de suspeição ou impedimento, será o árbitro substituído nos termos do art. 16 desta Lei, reconhecida a incompetência do árbitro ou do tribunal arbitral, bem como a nulidade, invalidade ou ineficácia da convenção de arbitragem, serão as partes remetidas ao órgão do Poder Judiciário competente para julgar a causa.

§ 2º Não sendo acolhida a arguição, terá normal prosseguimento a arbitragem, sem prejuízo de vir a ser examinada a decisão pelo órgão do Poder Judiciário competente, quando da eventual propositura da demanda de que trata o art. 33 desta Lei.

Art. 21. A arbitragem obedecerá ao procedimento estabelecido pelas partes na convenção de arbitragem, que poderá reportar-se às regras de um órgão arbitral institucional ou entidade especializada, facultando-se, ainda, às partes delegar ao próprio árbitro, ou ao tribunal arbitral, regular o procedimento.

§ 1º Não havendo estipulação acerca do procedimento, caberá ao árbitro ou ao tribunal arbitral discipliná-lo.

§ 2º Serão, sempre, respeitados no procedimento arbitral os princípios, do contraditório, da igualdade das partes, da imparcialidade do árbitro e de seu livre convencimento.

§ 3º As partes poderão postular por intermédio de advogado, respeitada, sempre, a faculdade de designar quem as represente ou assista no procedimento arbitral.

§ 4º Competirá ao árbitro ou ao tribunal arbitral, no início do procedimento, tentar a conciliação das partes, aplicando-se, no que couber, o art. 28 desta Lei.

Art. 22. Poderá o árbitro ou o tribunal arbitral tomar o depoimento das partes, ouvir testemunhas e determinar a realização de perícias ou outras provas que julgar necessárias, mediante requerimento das partes ou de ofício.

§ 1º O depoimento das partes e das testemunhas será tomado em local, dia e hora previamente comunicados, por escrito, e reduzido a termo, assinado pelo depoente, ou a seu rogo, e pelos árbitros.

§ 2º Em caso de desatendimento, sem justa causa, da convocação para prestar depoimento pessoal, o árbitro ou o tribunal arbitral levará em consideração o comportamento da parte faltosa, ao proferir sua sentença; se a ausência for de testemunha, nas mesmas circunstâncias, poderá o árbitro ou o presidente do tribunal arbitral requerer à autoridade judiciária que conduza a testemunha renitente, comprovando a existência da convenção de arbitragem.

§ 3º A revelia da parte não impedirá que seja proferida a sentença arbitral.

§ 4º Ressalvado o disposto no § 2º, havendo necessidade de medidas coercitivas ou cautelares, os árbitros poderão solicitá-las ao órgão do Poder Judiciário que seria, originariamente, competente para julgar a causa. (Revogado pela Lei n. 13.129, de 2015) (Vigência)

§ 5º Se, durante o procedimento arbitral, um árbitro vier a ser substituído fica a critério do substituto repetir as provas já produzidas.

CAPÍTULO IV-A

(Incluído pela Lei n. 13.129, de 2015) (Vigência)

DAS TUTELAS CAUTELARES E DE URGÊNCIA

Art. 22-A. Antes de instituída a arbitragem, as partes poderão recorrer ao Poder Judiciário para a concessão de medida cautelar ou de urgência. (Incluído pela Lei n. 13.129, de 2015) (Vigência)

Parágrafo único. Cessa a eficácia da medida cautelar ou de urgência se a parte interessada não requerer a instituição da arbitragem no prazo de 30 (trinta) dias, contado da data de efetivação da respectiva decisão. (Incluído pela Lei n. 13.129, de 2015) (Vigência)

Art. 22-B. Instituída a arbitragem, caberá aos árbitros manter, modificar ou revogar a medida cautelar ou de urgência concedida pelo Poder Judiciário. (Incluído pela Lei n. 13.129, de 2015) (Vigência)

Parágrafo único. Estando já instituída a arbitragem, a medida cautelar ou de urgência será requerida diretamente aos árbitros. (Incluído pela Lei n. 13.129, de 2015) (Vigência)

CAPÍTULO IV-B

(Incluído pela Lei n. 13.129, de 2015) (Vigência)

DA CARTA ARBITRAL

Art. 22-C. O árbitro ou o tribunal arbitral poderá expedir carta arbitral para que o órgão jurisdicional nacional pratique ou determine o cumprimento, na área de sua competência territorial, de ato solicitado pelo árbitro. (Incluído pela Lei n. 13.129, de 2015) (Vigência)

Parágrafo único. No cumprimento da carta arbitral será observado o segredo de justiça, desde que comprovada a confidencialidade estipulada na arbitragem. (Incluído pela Lei n. 13.129, de 2015) (Vigência)

Capítulo V

Da Sentença Arbitral

Art. 23. A sentença arbitral será proferida no prazo estipulado pelas partes. Nada tendo sido convencionado, o prazo para a apresentação da sentença é de seis meses, contado da instituição da arbitragem ou da substituição do árbitro.

Parágrafo único. As partes e os árbitros, de comum acordo, poderão prorrogar o prazo estipulado.

§ 1º Os árbitros poderão proferir sentenças parciais. (Incluído pela Lei n. 13.129, de 2015) (Vigência)

§ 2º As partes e os árbitros, de comum acordo, poderão prorrogar o prazo para proferir a sentença final. (Incluído pela Lei n. 13.129, de 2015) (Vigência)

Art. 24. A decisão do árbitro ou dos árbitros será expressa em documento escrito.

§ 1º Quando forem vários os árbitros, a decisão será tomada por maioria. Se não houver acordo majoritário, prevalecerá o voto do presidente do tribunal arbitral.

§ 2º O árbitro que divergir da maioria poderá, querendo, declarar seu voto em separado.

Art. 25. Sobrevindo no curso da arbitragem controvérsia acerca de direitos indisponíveis e verificando-se que de sua existência, ou não, dependerá o julgamento, o árbitro ou o tribunal arbitral remeterá as partes à autoridade competente do Poder Judiciário, suspendendo o procedimento arbitral. (Revogado pela Lei n. 13.129, de 2015) (Vigência)

Parágrafo único. Resolvida a questão prejudicial e juntada aos autos a sentença ou acórdão transitados em julgado, terá normal seguimento a arbitragem. (Revogado pela Lei n. 13.129, de 2015) (Vigência)

Art. 26. São requisitos obrigatórios da sentença arbitral:

I – o relatório, que conterá os nomes das partes e um resumo do litígio;

II – os fundamentos da decisão, onde serão analisadas as questões de fato e de direito, mencionando-se, expressamente, se os árbitros julgaram por equidade;

III – o dispositivo, em que os árbitros resolverão as questões que lhes forem submetidas e estabelecerão o prazo para o cumprimento da decisão, se for o caso; e

IV – a data e o lugar em que foi proferida.

Parágrafo único. A sentença arbitral será assinada pelo árbitro ou por todos os árbitros. Caberá ao presidente do tribunal arbitral, na hipótese de um ou alguns dos árbitros não poder ou não querer assinar a sentença, certificar tal fato.

Arbitragem no Contrato de Trabalho – 71

Art. 27. A sentença arbitral decidirá sobre a responsabilidade das partes acerca das custas e despesas com a arbitragem, bem como sobre verba decorrente de litigância de má-fé, se for o caso, respeitadas as disposições da convenção de arbitragem, se houver.

Art. 28. Se, no decurso da arbitragem, as partes chegarem a acordo quanto ao litígio, o árbitro ou o tribunal arbitral poderá, a pedido das partes, declarar tal fato mediante sentença arbitral, que conterá os requisitos do art. 26 desta Lei.

Art. 29. Proferida a sentença arbitral, dá-se por finda a arbitragem, devendo o árbitro, ou o presidente do tribunal arbitral, enviar cópia da decisão às partes, por via postal ou por outro meio qualquer de comunicação, mediante comprovação de recebimento, ou, ainda, entregando-a diretamente às partes, mediante recibo.

Art. 30. No prazo de cinco dias, a contar do recebimento da notificação ou da ciência pessoal da sentença arbitral, a parte interessada, mediante comunicação à outra parte, poderá solicitar ao árbitro ou ao tribunal arbitral que:

Art. 30. No prazo de 5 (cinco) dias, a contar do recebimento da notificação ou da ciência pessoal da sentença arbitral, salvo se outro prazo for acordado entre as partes, a parte interessada, mediante comunicação à outra parte, poderá solicitar ao árbitro ou ao tribunal arbitral que: (Redação dada pela Lei n. 13.129, de 2015) (Vigência)

I – corrija qualquer erro material da sentença arbitral;

II – esclareça alguma obscuridade, dúvida ou contradição da sentença arbitral, ou se pronuncie sobre ponto omitido a respeito do qual devia manifestar-se a decisão.

Parágrafo único. O árbitro ou o tribunal arbitral decidirá, no prazo de dez dias, aditando a sentença arbitral e notificando as partes na forma do art. 29.

Parágrafo único. O árbitro ou o tribunal arbitral decidirá no prazo de 10 (dez) dias ou em prazo acordado com as partes, aditará a sentença arbitral e notificará as partes na forma do art. 29. (Redação dada pela Lei n. 13.129, de 2015) (Vigência)

Art. 31. A sentença arbitral produz, entre as partes e seus sucessores, os mesmos efeitos da sentença proferida pelos órgãos do Poder Judiciário e, sendo condenatória, constitui título executivo.

Art. 32. É nula a sentença arbitral se:

I – for nulo o compromisso;

I – for nula a convenção de arbitragem; (Redação dada pela Lei n. 13.129, de 2015) (Vigência)

II – emanou de quem não podia ser árbitro;

III – não contiver os requisitos do art. 26 desta Lei;

IV – for proferida fora dos limites da convenção de arbitragem;

V – não decidir todo o litígio submetido à arbitragem; (Revogado pela Lei n. 13.129, de 2015) (Vigência)

VI – comprovado que foi proferida por prevaricação, concussão ou corrupção passiva;

VII – proferida fora do prazo, respeitado o disposto no art. 12, inciso III, desta Lei; e

VIII – forem desrespeitados os princípios de que trata o art. 21, § 2º, desta Lei.

Art. 33. A parte interessada poderá pleitear ao órgão do Poder Judiciário competente a decretação da nulidade da sentença arbitral, nos casos previstos nesta Lei.

Art. 33. A parte interessada poderá pleitear ao órgão do Poder Judiciário competente a declaração de nulidade da sentença arbitral, nos casos previstos nesta Lei. (Redação dada pela Lei n. 13.129, de 2015) (Vigência)

§ 1º A demanda para a decretação de nulidade da sentença arbitral seguirá o procedimento comum, previsto no Código de Processo Civil, e deverá ser proposta no prazo de até noventa dias após o recebimento da notificação da sentença arbitral ou de seu aditamento.

§ 1º A demanda para a declaração de nulidade da sentença arbitral, parcial ou final, seguirá as regras do procedimento comum, previstas na Lei n. 5.869, de 11 de janeiro de 1973 (Código de Processo Civil), e deverá ser proposta no prazo de até 90 (noventa) dias após o recebimento da notificação da respectiva sentença, parcial ou final, ou da decisão do pedido de esclarecimentos. (Redação dada pela Lei n. 13.129, de 2015) (Vigência)

§ 2º A sentença que julgar procedente o pedido:

I – decretará a nulidade da sentença arbitral, nos casos do art. 32, incisos I, II, VI, VII e VIII;

II – determinará que o árbitro ou o tribunal arbitral profira novo laudo, nas demais hipóteses.

§ 2º A sentença que julgar procedente, o pedido declarará a nulidade da sentença arbitral, nos casos do art. 32, e determinará, se for o caso, que o árbitro ou o tribunal profira nova sentença arbitral. (Redação dada pela Lei n. 13.129, de 2015) (Vigência)

§ 3º A decretação da nulidade da sentença arbitral também poderá ser arguida mediante ação de embargos do devedor, conforme o art. 741 e seguintes do Código de Processo Civil, se houver execução judicial. (Vide Lei n. 13.105, de 2015) (Vigência)

§ 3º A declaração de nulidade da sentença arbitral também poderá ser arguida mediante impugnação, conforme o art. 475-L e seguintes da Lei n. 5.869, de 11 de janeiro de 1973 (Código de Processo Civil), se houver execução judicial. (Redação dada pela Lei n. 13.129, de 2015) (Vigência)

§ 3º A decretação da nulidade da sentença arbitral também poderá ser requerida na impugnação ao cumprimento da sentença, nos termos dos arts. 525 e seguintes do Código de Processo Civil, se houver execução judicial. (Redação dada pela Lei n. 13.105, de 2015) (Vigência)

§ 4º A parte interessada poderá ingressar em juízo para requerer a prolação de sentença arbitral complementar, se o árbitro não decidir todos os pedidos submetidos à arbitragem. (Incluído pela Lei n. 13.129, de 2015) (Vigência)

Capítulo VI

Do Reconhecimento e Execução de Sentenças

Arbitrais Estrangeiras

Art. 34. A sentença arbitral estrangeira será reconhecida ou executada no Brasil de conformidade com os tratados internacionais com eficácia no ordenamento interno e, na sua ausência, estritamente de acordo com os termos desta Lei.

Parágrafo único. Considera-se sentença arbitral estrangeira a que tenha sido proferida fora do território nacional.

Art. 35. Para ser reconhecida ou executada no Brasil, a sentença arbitral estrangeira está sujeita, unicamente, à homologação do Supremo Tribunal Federal.

Art. 35. Para ser reconhecida ou executada no Brasil, a sentença arbitral estrangeira está sujeita, unicamente, à homologação do Superior Tribunal de Justiça. (Redação dada pela Lei n. 13.129, de 2015) (Vigência)

Art. 36. Aplica-se à homologação para reconhecimento ou execução de sentença arbitral estrangeira, no que couber, o disposto nos arts. 483 e 484 do Código de Processo Civil.

Art. 37. A homologação de sentença arbitral estrangeira será requerida pela parte interessada, devendo a petição inicial conter as indicações da lei processual, conforme o art. 282 do Código de Processo Civil, e ser instruída, necessariamente, com:

I – o original da sentença arbitral ou uma cópia devidamente certificada, autenticada pelo consulado brasileiro e acompanhada de tradução oficial;

II – o original da convenção de arbitragem ou cópia devidamente certificada, acompanhada de tradução oficial.

Art. 38. Somente poderá ser negada a homologação para o reconhecimento ou execução de sentença arbitral estrangeira, quando o réu demonstrar que:

I – as partes na convenção de arbitragem eram incapazes;

II – a convenção de arbitragem não era válida segundo a lei à qual as partes a submeteram, ou, na falta de indicação, em virtude da lei do país onde a sentença arbitral foi proferida;

III – não foi notificado da designação do árbitro ou do procedimento de arbitragem, ou tenha sido violado o princípio do contraditório, impossibilitando a ampla defesa;

IV – a sentença arbitral foi proferida fora dos limites da convenção de arbitragem, e não foi possível separar a parte excedente daquela submetida à arbitragem;

V – a instituição da arbitragem não está de acordo com o compromisso arbitral ou cláusula compromissória;

VI – a sentença arbitral não se tenha, ainda, tornado obrigatória para as partes, tenha sido anulada, ou, ainda, tenha sido suspensa por órgão judicial do país onde a sentença arbitral for prolatada.

Art. 39. Também será denegada a homologação para o reconhecimento ou execução da sentença arbitral estrangeira, se o Supremo Tribunal Federal constatar que:

Art. 39. A homologação para o reconhecimento ou a execução da sentença arbitral estrangeira também será denegada se o Superior Tribunal de Justiça constatar que: (Redação dada pela Lei n. 13.129, de 2015) (Vigência)

I – segundo a lei brasileira, o objeto do litígio não é suscetível de ser resolvido por arbitragem;

II – a decisão ofende a ordem pública nacional.

Parágrafo único. Não será considerada ofensa à ordem pública nacional a efetivação da citação da parte residente ou domiciliada no Brasil, nos moldes da convenção de arbitragem ou da lei processual do país onde se realizou a arbitragem, admitindo-se, inclusive, a citação postal com prova inequívoca de recebimento, desde que assegure à parte brasileira tempo hábil para o exercício do direito de defesa.

Art. 40. A denegação da homologação para reconhecimento ou execução de sentença arbitral estrangeira por vícios formais, não obsta que a parte interessada renove o pedido, uma vez sanados os vícios apresentados.

Capítulo VII

Disposições Finais

Art. 41. Os arts. 267, inciso VII; 301, inciso IX; e 584, inciso III, do Código de Processo Civil passam a ter a seguinte redação:

"Art. 267...

VII – pela convenção de arbitragem;"

"Art. 301...

IX – convenção de arbitragem;"

"Art. 584...

III – a sentença arbitral e a sentença homologatória de transação ou de conciliação;"

Art. 42. O art. 520 do Código de Processo Civil passa a ter mais um inciso, com a seguinte redação:

"Art. 520...

VI – julgar procedente o pedido de instituição de arbitragem."

Art. 43. Esta Lei entrará em vigor sessenta dias após a data de sua publicação.

Art. 44. Ficam revogados os arts. 1.037 a 1.048 da Lei n. 3.071, de 1º de janeiro de 1916, Código Civil Brasileiro; os arts. 101 e 1.072 a 1.102 da Lei n. 5.869, de 11 de janeiro de 1973, Código de Processo Civil; e demais disposições em contrário.

Brasília, 23 de setembro de 1996; 175º da Independência e 108º da República.

FERNANDO HENRIQUE CARDOSO

Nelson A. Jobim

Este texto não substitui o publicado no DOU de 24.9.1996.

12

JULGADOS ACERCA DE ARBITRAGEM

STJ – RECURSO ESPECIAL REsp 1169841 RJ 2009/0239399-0 (STJ)

Data de publicação: 14.11.2012

Ementa: DIREITO PROCESSUAL CIVIL E CONSUMIDOR. CONTRATO DE ADESÃO. CONVENÇÃO DE ARBITRAGEM. LIMITES E EXCEÇÕES. ARBITRAGEM EM CONTRATOS DE FINANCIAMENTO IMOBILIÁRIO. CABIMENTO. LIMITES. 1. Com a promulgação da Lei de Arbitragem, passaram a conviver, em harmonia, três regramentos de diferentes graus de especificidade: (i) a regra geral, que obriga a observância da arbitragem quando pactuada pelas partes, com derrogação da jurisdição estatal; (ii) a regra específica, contida no art. 4º , § 2º , da Lei n. 9.307 /96 e aplicável a contratos de adesão genéricos, que restringe a eficácia da cláusula compromissória; e (iii) a regra ainda mais específica, contida no art. 51 , VII , do CDC , incidente sobre contratos derivados de relação de consumo, sejam eles de adesão ou não, impondo a nulidade de cláusula que determine a utilização compulsória da arbitragem, ainda que satisfeitos os requisitos do art. 4º , § 2º, da Lei n. 9.307/96.2. O art. 51, VII , do CDC se limita a vedar a adoção prévia e compulsória da arbitragem, no momento da celebração do contrato, mas não impede que, posteriormente, diante de eventual litígio, havendo consenso entre as partes (em especial a aquiescência do consumidor), seja instaurado o procedimento arbitral. 3. As regras dos arts. 51, VIII , do CDC e 34 da Lei n. 9.514 /97 não são incompatíveis. Primeiro porque o art. 34 não se refere exclusivamente a financiamentos imobiliários sujeitos ao CDC e segundo porque, havendo relação de consumo, o dispositivo legal não fixa o momento em que deverá ser definida a efetiva utilização da arbitragem. 4. Recurso especial a que se nega provimento.

STJ – AGRAVO REGIMENTAL NO RECURSO ESPECIAL AgRg no REsp 1275618 SP 2011/0146174-5 (STJ)

Data de publicação: 24.02.2016

Ementa: AGRAVO REGIMENTAL. RECURSO ESPECIAL. LEI DE ARBITRAGEM. APLICAÇÃO. CONTRATOS ANTERIORES A SUA EDIÇÃO. SÚMULA 485/STJ. 1. "A Lei de Arbitragem aplica-se aos contratos que contenham cláusula arbitral, ainda que celebrados antes da sua edição" (Súmula 485/STJ). 2. Inviável o recurso especial se o acórdão recorrido se alinha com o posicionamento sedimentado na jurisprudência do STJ, a teor do que dispõe a Súmula 83 desta Corte Superior. 3. Agravo regimental a que se nega provimento.

ST – EMBARGOS DECLARATÓRIOS RECURSO DE REVISTA E-ED-RR 259006720085030075 (TST)

Data de publicação: 22.05.2015

Ementa: AÇÃO CIVIL PÚBLICA. MINISTÉRIO PÚBLICO DO TRABALHO. CÂMARA DE ARBITRAGEM. IMPOSIÇÃO DE OBRIGAÇÃO DE NÃO FAZER. ABSTENÇÃO DA PRÁTICA DE ARBITRAGEM NO ÂMBITO DAS RELAÇÕES DE EMPREGO 1. Controvérsia estabelecida nos autos de ação civil pública ajuizada pelo Ministério Público do Trabalho, em que se busca impor a pessoa jurídica de direito privado obrigação de abster-se de promover a arbitragem de conflitos no âmbito das relações de emprego. 2. Acórdão proferido por Turma do TST que, a despeito de prover parcialmente recurso de revista interposto pelo Parquet, chancela a atividade de arbitragem em relação ao período posterior à dissolução dos contratos de trabalho, desde que respeitada a livre manifestação de vontade do ex-empregado e garantido o acesso irrestrito ao Poder Judiciário. Adoção de entendimento em que se sustenta a disponibilidade relativa dos direitos individuais trabalhistas, após a extinção do vínculo empregatício. 3. Seja sob a ótica do artigo 114, §§ 1º e 2º, da Constituição Federal, seja à luz do artigo 1º da Lei n. 9.307/1996, o instituto da arbitragem não se aplica como forma de solução de conflitos individuais trabalhistas. Mesmo no tocante às prestações decorrentes do contrato de trabalho passíveis de transação ou renúncia, a manifestação de vontade do empregado, individualmente considerado, há que ser apreciada com naturais reservas, e deve necessariamente submeter-se ao crivo da Justiça do Trabalho ou à tutela sindical, mediante a celebração de válida negociação coletiva. Inteligência dos artigos 7º, XXVI, e 114, *caput* I, da Constituição Federal. 4. Em regra, a hipossuficiência econômica ínsita à condição de empregado interfere no livre arbítrio individual. Daí a necessidade de intervenção estatal ou, por expressa autorização constitucional, da entidade de classe representativa da categoria profissional, como meio de evitar o desvirtuamento dos preceitos legais e constitucionais que regem o Direito Individual do Trabalho. Artigo 9º da CLT.

STJ – CONFLITO DE COMPETÊNCIA CC 129310 GO 2013/0257233-4 (STJ)

Data de publicação: 19.05.2015

Ementa: CONFLITO NEGATIVO DE COMPETÊNCIA. JUSTIÇA COMUM E JUSTIÇA DO TRABALHO. ARBITRAGEM. RELAÇÃO ENTRE ÁRBITROS E CÂMARA ARBITRAL. NATUREZA CIVIL. COMPETÊNCIA DA JUSTIÇA COMUM. 1. Consoante a jurisprudência sedimentada no Superior Tribunal de Justiça, a competência em razão da matéria se define a partir da natureza jurídica da controvérsia, que se afere da análise do pedido e da causa de pedir veiculados na inicial. 2. Ação proposta por ex-árbitro em que pleiteia anulação do ato de sua exoneração, assim como a readmissão aos quadros de câmara arbitral. 3. A remuneração do árbitro, ou dos árbitros, compete às partes que se valeram da arbitragem e poderá estar contida no próprio compromisso arbitral, se for o caso. Todavia, se o árbitro integrar uma câmara arbitral, nada impede que haja convenção determinando que os honorários, custas e despesas sejam pagos diretamente à instituição privada, a qual, por sua vez, repassará o valor devido aos seus árbitros. 4. Não existe, igualmente, nenhum óbice legal para que os serviços prestados pelos árbitros sejam remunerados por salário, mediante observância da Consolidação das Leis do Trabalho – CLT. 5. Hipótese em que os árbitros são remunerados diretamente pelas partes, não havendo previsão de pagamento de salário, na forma regimental, tendo o autor da demanda firmado contrato de franquia com tribunal arbitral, adquirido as respectivas cotas e participado de curso de arbitragem, determinando a existência de uma relação jurídica de natureza civil. 6. Conflito de competência conhecido para declarar competente o Juízo de Direito de Santo Antônio do Descoberto/GO, o suscitado.

ST – RECURSO ORDINÁRIO TRABALHISTA RO 112608020145030000 (TST)

Data de publicação: 18.12.2015

Ementa: RECURSO ORDINÁRIO – AÇÃO ANULATÓRIA – DESCUMPRIMENTO DE CLÁUSULA COMPROMISSÓRIA – RESOLUÇÃO DE CONFLITOS PELA ARBITRAGEM – VALIDADE E EFICÁCIA DO NEGÓCIO JURÍDICO. A cláusula 24ª do Acordo Coletivo (fl. 105) estabelece a utilização da arbitragem nos casos de aplicação do instrumento, referindo-se à resolução de conflitos decorrentes da produção dos seus efeitos. Como o pleito do Autor consiste na declaração de nulidade de uma cláusula do Acordo Coletivo, a controvérsia se restringe à validade da norma coletiva, e não à sua aplicação, razão porque não há falar em extinção do processo sem resolução do mérito com base no art. 267, VII, do CPC. FALTA DE INTERESSE DE AGIR A necessidade da Ação Anulatória é demonstrada pela possibilidade de ajuizamento de ações individuais referentes à demissão de trabalhadores no período da estabilidade questionada. A adequação da via processual também é evidente, pois seu objeto é a declaração de nulidade de cláusula de instrumento coletivo, havendo interesse de agir. CLÁUSULA 15ª, II – AUSÊNCIA DE DELIBERAÇÃO DOS TRABALHADORES – NULIDADE O Eg. Tribunal Regional, ao declarar a nulidade da alteração do Acordo Coletivo promovida sem a autorização dos trabalhadores reunidos em assembleia, nos termos do art. 612 da CLT, decidiu conforme a jurisprudência desta C. SDC. HONORÁRIOS ADVOCATÍCIOS E CUSTAS PROCESSUAIS 1. C om base nos parâmetros elencados nas alíneas do art. 20, § 3º, do CPC, o valor arbitrado pela Corte Regional a título de honorários advocatícios é proporcional e não merece ser alterado. 2. Como a jurisprudência desta C. SDC entende que a Ação Anulatória possui natureza declaratória, deve ser aplicado o art. 789, III, da CLT, para reduzir as custas processuais a 2% (dois por cento) do valor da causa. Recurso Ordinário conhecido e provido parcialmente.

TST – AGRAVO DE INSTRUMENTO EM RECURSO DE REVISTA AIRR 13579320125020040 (TST)

Data de publicação: 22.08.2014

Ementa: AGRAVO DE INSTRUMENTO. RECURSO DE REVISTA. ARBITRAGEM. DIREITO INDIVIDUAL DO TRABALHO. INCOMPATIBILIDADE. JURISPRUDÊNCIA DOMINANTE DO TST. Verificando-se que a decisão agravada guarda consonância jurisprudência iterativa, notória e atual desta Corte Superior, no sentido de reconhecer a incompatibilidade do instituto da arbitragem nos dissídios individuais trabalhistas, deve ser mantido o despacho agravado que denegou seguimento ao Recurso de Revista interposto pela empresa reclamada, por força do disposto no § 4º do art. 896 da CLT . Agravo de instrumento improvido.

STJ – SENTENÇA ESTRANGEIRA CONTESTADA SEC 5828 EX 2011/0198501-2 (STJ)

Data de publicação: 26.06.2013

Ementa: HOMOLOGAÇÃO DE SENTENÇA ARBITRAL ESTRANGEIRA. CUMPRIMENTO DOS REQUISITOS FORMAIS. CONVENÇÃO DE ARBITRAGEM VALIDAMENTE CONSTITUÍDA. EXISTÊNCIA DE CLÁUSULA COMPROMISSÓRIA. QUESTIONAMENTO. IMPOSSIBILIDADE. 1. Sentença arbitral estrangeira proferida por órgão competente, devidamente traduzida, reconhecida pelo consulado brasileiro e transitada em julgado deve ser homologada. 2. O ato homologatório da sentença estrangeira limita-se à análise dos requisitos formais. Questões de mérito não podem ser examinadas pelo STJ em juízo de delibação, pois ultrapassam os limites fixados pelo art. 9º, *caput*, da Resolução STJ n. 9 de 4/5/2005. 3. Se a convenção de arbitragem foi validamente instituída, não feriu a lei a que foi submetida pelas partes e foi aceita pelos contratantes mediante a assinatura do contrato, não cabe questionar, em sede de homologação do laudo arbitral resultante desse acordo, aspectos específicos da natureza contratual subjacente ao laudo homologando (AgRg na SEC n. 854 , Corte Especial, relatora para o acórdão Ministra Nancy Andrighi, DJe de 14.4.2011). 4. Homologação deferida.

TRT-2 – RECURSO ORDINÁRIO RO 00014931920145020041 SP 00014931920145020041 A28 (TRT-2)

Data de publicação: 06.03.2015

Ementa: DIREITOS TRABALHISTAS. ARBITRAGEM. RESTRIÇÃO. A admissão de arbitragem sobre direitos trabalhistas apresenta restrição, tendo em vista que no Direito do Trabalho vigora o princípio da indisponibilidade de direitos.

STJ – RECURSO ESPECIAL REsp 1288251 MG 2011/0250287-8 (STJ)

Data de publicação: 16.10.2012

Ementa: DIREITO CIVIL E PROCESSUAL CIVIL. ARBITRAGEM. ACORDO OPTANDO PELA ARBITRAGEM HOMOLOGADO EM JUÍZO. PRETENSÃO ANULATÓRIA. COMPETÊNCIADO JUÍZO ARBITRAL. INADMISSIBILIDADE DA JUDICIALIZAÇÃO PREMATURA. 1.- Nos termos do artigo 8º, parágrafo único, da Lei de Arbitragem a alegação de nulidade da cláusula arbitral instituída em Acordo Judicial homologado e, bem assim, do contrato que a contém, deve ser submetida, em primeiro lugar, à decisão do próprio árbitro, inadmissível a judicialização prematura pela via oblíqua do retornoao Juízo. 2.– Mesmo no caso de o acordo de vontades no qual estabelecida a cláusula arbitral no caso de haver sido homologado judicialmente, não se admite prematura ação anulatória diretamente perante o PoderJudiciário, devendo ser preservada a solução arbitral, sob pena dese abrir caminho para a frustração do instrumento alternativo desolução da controvérsia. 3.- Extingue-se, sem julgamento do mérito (CPC , art. 267 , VII), ação que visa anular acordo de solução de controvérsias via arbitragem, preservando-se a jurisdição arbitral consensual para o julgamento das controvérsias entre as partes, ante a opção das partes pela forma alternativa de jurisdição. 4.- Recurso Especial a que se nega provimento.

NOTAS

CARMONA, Carlos Alberto. Considerações Sobre Cláusula Compromissória e a Eleição de Foro. In: *Arbitragem* – Estudos em Homenagem ao Prof. Guido Fernando da Silva Soares, In Memorian. São Paulo: Atlas, 2007. p. 36.

_____. *Arbitragem e Processo* – um comentário à Lei n. 9.307/96. 3. ed. São Paulo: Atlas, 2009.

STJ, Terceira Turma, REsp 1389763/PR, Rel. Ministra Nancy Andrighi, j. em 12.11.2013.

STJ, Segunda Turma, REsp 606.345/RS, Rel. Ministro João Otávio de Noronha, j. em 17.05.2007.

DINAMARCO, Cândido Rangel. *A Arbitragem na teoria Geral dos Processos*. São Paulo: Malheiros, 2013.

Apelação Cível n. 9193203-03.2002.8.26.0000, TJSP, 7ª Câmara de Direito Privado, 24 de maio de 2006.

BULGARELLI, Waldírio. *Manual das sociedades anônimas*. 13. ed. São Paulo: Atlas, 2001. p. 299.